L'Entente glaciale

Français-Anglais : les raisons de la discorde

Christian Roudaut

L'Entente glaciale

Français-Anglais : les raisons de la discorde

Alban
THÈMES
d'aujourd'hui

www.albaneditions.com

A Mammig et Tadig,

Sommaire

Deuxième Partie : **la mésentente d'en bas.**

Conclusion

Bibliographie

Avant-propos

L'idée du présent ouvrage est née en pleine crise diplomatique sur l'Irak quand la France était pointée du doigt pour sa "lâcheté" et sa "perfidie". Bien que moins médiatisé, le vent de francophobie qui soufflait alors sur l'Angleterre n'avait guère à envier aux sentiments anti-français exprimés outre-Atlantique. En cinq ans de couverture de l'actualité britannique, je n'avais jamais assisté à un tel déferlement d'hostilité anti-française.

Ma première réaction a été de répondre point par point à ces accusations. Au fil des lectures et des entretiens qui ont aidé à la rédaction de ce livre, j'ai pris un peu de distance par rapport à ce mouvement initial. Même si je reste convaincu - et encore plus avec le recul - que la France a été injustement traitée dans toute cette affaire, il m'est apparu un peu stérile et un rien présomptueux de chercher à laver l'honneur de "la patrie injuriée". D'autant plus que ladite patrie n'était pas exempte de tout reproche. Sur le dossier irakien comme sur d'autres sujets de friction transmanche, la France a pu adopter parfois une attitude arrogante et bravache qui irrite prodigieusement nos voisins anglais.

Lors de mes séjours sur le sol français, je n'ai pas été autrement étonné d'entendre invariablement répétés les mêmes propos sur ces Anglais "anti-européens à la botte des Américains". Tout en reconnaissant la validité d'une partie de ces critiques, j'ai ressenti le besoin de nuancer ce portrait caricatural et un rien méprisant de mon pays d'accueil. L'avantage évident de l'expatriation est de pouvoir porter un double regard sur les événements au lieu de les considérer d'une seule perspective.

J'ai essayé, tout au long de ce livre, de me placer de chaque côté de la Manche. J'ai tenté d'expliquer les raisons pour lesquelles nos deux pays restent accrochés, presque affectueusement, à ce statut de "meilleurs ennemis". Bien modestement, je suis parti à l'assaut des trop nombreux clichés qui continuent de former un nuage épais au-dessus de la Manche. Je reconnais toutefois que les stéréotypes ne naissent pas ex-nihilo : les reproches qui fusent de part et d'autre du *Channel* sont rarement totalement déconnectés d'une certaine réalité. Il convient juste d'apprécier la part de mythe et de vérité dans ces préjugés. Quand on prétend remettre en cause les idées reçues, on s'expose inévitablement au reproche de commettre soi-même certaines généralités. C'est un risque que j'assume pleinement n'ayant pas ici de prétentions universitaires. J'ai simplement essayé dans ce livre de porter un regard, certes subjectif et caustique, mais que je crois équilibré et honnête sur cette drôle de relation.

Dernière remarque : l'ouvrage porte presque exclusivement sur les rapports entre les Français et les Anglais. Même si, pour des raisons de style les termes "Britanniques" ou "Grande-Bretagne" reviennent régulièrement, le livre exclut du champ de la réflexion les Ecossais et les Gallois. Les rapports de ces derniers avec les Français ne revêtent pas, en effet, le même caractère conflictuel que la relation France-Angleterre.

Introduction

Globalisation ? Uniformisation ? Monde unipolaire ? A l'heure de la prétendue disparition de l'Etat-nation, il est rassurant de pouvoir encore remonter les aiguilles de l'horloge planétaire au bon vieux temps des rivalités nationales. La subsistance des querelles de voisinage apportera un peu de réconfort à tous ceux qui déplorent l'engloutissement de la diversité culturelle et historique sous les flots indomptables de la globalisation. Seulement séparés par un maigre bras de mer, deux pays n'ont pas renoncé - au nom de la différence - à ce droit imprescriptible des nations à se taper dessus. Dieu merci, il n'est plus aujourd'hui question d'envahir les terres du voisin, de couler la flotte de l'ennemi héréditaire ou encore d'allumer un bûcher sous les petits pieds des héroïnes nationales. Les moeurs ayant évolué, il n'est même plus nécessaire de brandir les lances ni de sortir les canons à poudre pour régler quelques vieux comptes avec son voisin qui - comme chacun sait - est le plus perfide et le plus arrogant des voisins. Un arsenal bien moins archaïque est à la disposition de ces belligérants d'une ère désormais plus civilisée : les bras de fer diplomatiques, les menaces de représailles économiques, les campagnes de presse de mauvais goût ont remplacé la guerre de Cent ans et les batailles napoléoniennes.

Sous ses contours nouveaux, la vieille querelle franco-britannique n'a pas pris une ride. Elle connaît depuis ces dernières années une seconde jeunesse : guerre du boeuf, désaccord sur la politique agricole commune, affaire du centre des réfugiés de Sangatte, lutte d'influence sur la scène européenne, et surtout : échanges acrimonieux sur le conflit irakien... Une querelle chasse l'autre. Les vieux ressentiments transmanches ont repris du service - paradoxe des paradoxes - sous le règne du Premier ministre britannique le plus francophile des cinq dernières décennies. La guerre en Irak a fait plonger les relations franco-britanniques à leur plus bas niveau depuis le veto du général de Gaulle à l'entrée du Royaume-Uni dans le Marché commun. Au sud de la Manche, on a vu ressurgir les vieux clichés de cette Albion perfide, égoïste et stupidement pro-américaine. Au nord du *Channel*, on s'est déchaîné contre ce peuple gaulois arrogant, roublard et stupidement anti-américain. Tony Blair est devenu au choix le valet, le petit chien, la marionnette de son maître George W Bush tandis que Jacques Chirac se retrouvait caricaturé sous les traits d'une prostituée au service de son julot, Saddam Hussein.

L'Angleterre et la France restent, selon la fameuse expression, ces "meilleurs ennemis" qui continuent de se disputer un illusoire leadership sur le vieux monde. Chacun reconnaît en l'autre un adversaire à sa mesure. Même gloire passée, même histoire coloniale, même poids démographique, même puissance économique... ces deux vieilles nations ont trop de points communs pour ne pas alimenter, encore aujourd'hui, le feu de la rivalité. La France et l'Angleterre forment un couple étrange mû par un mouvement contradictoire d'attraction et de répulsion. L'une et l'autre se regardent, s'observent, s'épient sans jamais vraiment se comprendre. Cette incompréhension mutuelle s'impose comme une donnée intangible régissant les rapports entre les deux pays. Pourquoi chercher à convaincre l'autre, sa logique nous étant absolument impénétrable ? Les deux nations ne semblent vouloir comprendre qu'une seule chose sur leur vis-à-vis : ses motivations ont été dans le passé, sont dans le présent et seront dans le futur toujours guidées par la poursuite d'intérêts purement égoïstes.

Loin de déplorer cette indestructible rivalité franco-britannique, les deux pays la maintiennent, la cultivent, la chérissent chaque jour avec délectation. De chaque côté de la Manche, on saute allègrement sur tous les clichés qui attestent de la vigueur de cette animosité mutuelle. Preuve que le ressort comique de cette vieille rivalité n'est pas encore cassé, le 7ème art continue d'exploiter le filon de l'inusable guéguerre entre ces deux pays à l'esprit de clocher : dans le film *Johnny English*, un James Bond de pacotille (interprété par Rowan Atkinson) déjoue les plans machiavéliques du milliardaire français Pascal Sauvage (John Malkovitch) bien décidé à confisquer la couronne de Sa Grâcieuse Majesté pour transformer "ce petit pays de merde" en un dépotoir de criminels et de malfrats en tout genre.

Il serait en effet tentant de classer ces querelles de voisinage dans le registre du folklore comique, de rire des "unes" anti-françaises du *Sun* et de bien d'autres tabloïds, de s'amuser des spectaculaires prises de bec entre nos gouvernants. Ni l'Angleterre ni la France n'ayant aujourd'hui des batteries de missiles pointés en direction des côtes normandes ou des falaises du Kent, le déclenchement d'une guerre entre les deux pays (en paix depuis 1815 !) reste une perspective plutôt éloignée. Il y aurait donc effectivement plus matière à rire qu'à pleurer. Mais l'absence d'une réelle menace de conflagration nucléaire ne doit pas masquer cette réalité : une guerre des clichés continue de faire rage de part et d'autre de la Manche. C'est un conflit sans coups de feu ni monuments aux morts. Les armes de destruction massive ne sont même pas cachées : elles s'exhibent dans les tabloïds anglais sous la forme d'éditoriaux anti-français incendiaires, de clichés éculés sur la France et de blagues francophobes de mauvais goût. Les criminels de guerre s'abritent derrière leurs ordinateurs et commettent chaque jour le génocide de la vérité.

Côté français, on ne dispose pas d'une telle puissance de feu capable de pilonner le pays ennemi à coups de "unes" assassines. Il ne s'agit que d'un *blitz* artisanal : quelques préjugés anti-anglais un peu rouillés que l'on ressort du placard, des images un tantinet ridicules que l'on diffuse ici ou là sur les écrans. Les clichés ont la vie dure, d'autant plus dure qu'aucun des deux camps ne cherche vraiment à leur tordre le cou. En France, les Anglais sont vus comme les éternels empêcheurs de tourner en rond en Europe. Outre-Manche, les Français sont accusés de défendre bien haut les couleurs européennes pour mieux poursuivre leurs rêves de grandeur et faire fructifier leurs intérêts sonnants et trébuchants.

Dans les chancelleries, la méfiance est le sentiment le mieux partagé. Après la brouille irakienne, un haut diplomate français confiait en parlant du ministre britannique des Affaires étrangères : "il a été perfide", avant de se reprendre : "euh, non plus que cela : fielleux". Quand il s'agit de l'Angleterre, même les diplomates français en perdent leur langue de bois. A Londres, le vieux réflexe anti-gaulois permet - comme au bon vieux temps - de resserrer les rangs lorsque l'unité nationale se fissure ("Always blame the French !" : "Toujours blâmer les Français" exhorte la célèbre formule). A Paris, depuis le général de Gaulle, les hommes politiques ne peuvent s'empêcher de voir la Grande-Bretagne comme le cheval de Troie des Américains en Europe. Leurs homologues anglais considèrent, eux, la France comme un pays trop jaloux de la puissance américaine pour accepter son leadership.

Le centenaire de l'Entente cordiale, commémoré tout au long de l'année 2004, vient rappeler qu'après des désaccords, parfois profonds, peut sonner l'heure de la réconciliation. Le 8 avril 1904, la signature du fameux traité de Londres ne célébrait pas la formidable amitié franco-britannique, loin de là : il était surtout question d'enterrer d'incessantes querelles coloniales entre les deux grandes puissances "impériales" de l'époque. Tout au long du XXème siècle, l'Entente cordiale allait devenir le socle d'une alliance politique solide entre la France et la Grande-Bretagne qui se retrouvèrent dans le même camp durant les deux guerres mondiales. Pourtant, c'est avec les Allemands et non pas avec les Anglais que les Français ont, depuis lors, tissé les liens les plus étroits. Car depuis la signature historique du traité de l'Entente cordiale, s'il est une chose qui a été cordialement entretenue, c'est bien la méfiance réciproque.

Même, durant les heures sombres de la guerre, quand Paris et Londres étaient soudés face à l'ennemi commun (au point d'imaginer le projet un peu fou d'une fusion dans une Union franco-britannique) la confiance ne régnait pas vraiment. Bien que pétries d'un respect mutuel, les relations entre le général de Gaulle et le vieux lion étaient notoirement exécrables. Winston Churchill divertissait son entourage de quelques mots d'esprit vachards sur le demandeur d'asile le plus célèbre de l'histoire française : "Ma croix la plus lourde, c'est la croix de Lorraine", "Nous l'appelons Jeanne d'Arc et nous cherchons quelque évêque pour le faire brûler". La France se retrouvait alors dans la position humiliante d'avoir à mendier de l'aide à son rival ancestral. Une position que les Anglais férus d'histoire (en particulier quand ils y ont joué un rôle héroïque) ne manquent jamais de rappeler aux Français pour mieux souligner leur monstrueuse ingratitude. Car si les Français ont su pardonner aux Allemands de les avoir envahis et occupés, ils ne peuvent en revanche excuser les Anglais et les Américains de les avoir secourus et libérés. C'est du moins une analyse qu'on lit encore dans certains journaux anglais.

Humiliés et jaloux de la puissance anglo-saxonne, les Français chercheraient sans cesse à prendre une revanche aussi mesquine qu'illusoire sur l'histoire. Comment justifier autrement le veto français à l'entrée du Royaume-Uni dans le Marché commun ? Comment expliquer les complots du couple franco-allemand dans le dos de la Grande-Bretagne ? Comment comprendre l'opposition française à l'intervention anglo-américaine en Irak ? Cette "mésentente cordiale" est d'autant plus vivace qu'elle ne se limite pas aux relations entre gouvernants. Pour paraphraser une expression qui connut une gloire éphémère en France, il existe une "mésentente d'en haut" (au sommet de l'Etat) et une "mésentente d'en bas" (entre les peuples). Sans qu'il soit vraiment possible de mesurer le degré d'influence de l'une sur l'autre, il est clair que la suspicion mutuelle au sommet ne manque pas de se répercuter sur "la base", de même que la méfiance réciproque des masses se traduit inévitablement dans les relations au plus haut niveau.

Mais n'exagérons rien : l'animosité héréditaire n'est pas telle qu'elle empêcherait, annuellement, la venue dans l'Hexagone de douze millions de Britanniques, trois millions de Français faisant le chemin inverse. Ces contacts répétés entre les deux populations qui ne se sont jamais autant côtoyées n'occasionnent plus, de nos jours, de troubles inter-ethniques. A défaut d'être parfaitement amicale, la cohabitation franco-britannique est aujourd'hui pacifique. Si Français et Anglais ont cessé de s'estourbir, il ne faudrait pourtant pas interpréter cette absence de coulées d'hémoglobine sur les rivages de la Manche comme la marque d'une entente parfaitement cordiale. Une rencontre sportive au plus haut niveau ? L'embargo sur un produit national ? Un désaccord diplomatique ? Il n'en faut guère plus pour voir remonter à la surface l'histoire acrimonieuse que partagent la France et l'Angleterre. Les idéalistes espéraient que la percée du tunnel sous la Manche rapprocherait deux peuples qui ont toujours mis un point d'honneur à ne pas se comprendre. La fin de l'isolement insulaire n'a pas encore eu l'effet espéré : beaucoup de Britanniques continuent de voir le continent comme la source constante de problèmes même s'ils ne détestent pas s'y établir ou y acheter une résidence secondaire (la fameuse "invasion anglaise" dénoncée dans certaines régions de France).

Les Français, quant à eux, ne peuvent s'empêcher de scruter au-delà de la Manche avec un mélange d'incompréhension et d'agacement. Même ceux qui - de plus en plus nombreux - ont fait le choix de s'établir sur les terres du "meilleur ennemi" peinent à surmonter le fossé culturel qui sépare les deux peuples. Nombre d'expatriés (environ 300.000 Français en Grande-Bretagne, 500.000 Britanniques en France) restent encore prisonniers d'une vision stéréotypée de leurs hôtes et optent trop facilement pour le repli communautaire, les uns rendant les autres responsables de leurs difficultés d'intégration.

Un terrain d'entente cordiale et même d'entente conjugale est pourtant possible comme en témoigne l'augmentation constante du nombre de foyers "mixtes". Pour peu qu'ils aient rompu leur isolement franco-français et anglo-anglais, les expatriés de chaque pays peuvent réaliser tous les avantages que les deux éternels rivaux auraient à tirer d'un échange constructif au lieu de s'égosiller dans une compétition stérile de cocoricos nationalistes (en la matière les tabloïds anglais étant ceux qui chantent le plus fort). L'intensification depuis une décennie de ces flux transmanches contribuera peut-être à dissiper l'épais brouillard qui s'est installé sur le *Channel* depuis... Guillaume le Conquérant. Il est en effet grand temps de faire mentir le fameux mot d'esprit de l'écrivain anglais Douglas Jerrold pour qui la meilleure chose entre l'Angleterre et la France était... la mer.

Première Partie : **la mésentente d'en haut**

Chapitre 1

Armes de distorsion massive

"Pour bien mentir, il faut beaucoup de sincérité !"
(Jean Giono)

"Always blame the French"... La recette fleure bon le temps des guerres napoléoniennes. Pourtant, au nord de la Manche, cette formule du passé continue - encore aujourd'hui - de montrer sa redoutable efficacité. Pour se sortir d'une situation de crise, rien ne vaut un bon vieux doigt accusateur pointé vers la France. Peu d'autres pays peuvent prétendre assumer avec un tel brio ce rôle d'ennemi providentiel. En politicien habile, Tony Blair l'a très bien compris. Ce n'est peut-être pas toujours très fair-play, mais quand vous avez une rue hostile et une majorité qui bat de l'aile, tous les moyens sont bons pour se sortir d'une situation désespérée y compris l'exhumation d'un ennemi fédérateur. La

France, son arrogance, sa perfidie et son veto ont été un don du ciel pour un gouvernement britannique en péril.

Un retour sur ces semaines où le roi Tony faillit perdre sa couronne avant d'être sauvé, bien involontairement, par Jacques Chirac permet de percevoir (au-delà des beaux discours sur l'Entente cordiale et l'amitié franco-britannique) toute la profondeur de cette méfiance réciproque enkystée dans l'inconscient des deux nations. On pourrait croire la rivalité multi-séculaire entre Français et Anglais uniquement destinée aux livres d'histoire. Erreur : ce lourd passé d'incessantes querelles se conjugue parfaitement au présent et refait surface à la première occasion venue. Sur l'affaire irakienne, Paris et Londres auraient pu se borner à constater leur désaccord et passer à autre chose (comme le firent les Russes, les Chinois et les Allemands). Mais entre la France et l'Angleterre, la page ne pouvait être tournée aussi facilement. Cette divergence d'opinion devait prendre une tournure conflictuelle et se transformer en une sorte de répétition symbolique des guerres passées.

Il n'est pas sans signification que - durant le psychodrame onusien - le Premier ministre britannique ait pu croire que le président français "voulait sa peau" tandis que Jacques Chirac se sentait directement menacé par Tony Blair en qui il voyait (et continue de voir ?) un rival cherchant à le marginaliser sur la scène européenne. Cet atavisme historique, lointain écho des aspirations hégémoniques passées des deux nations sur le vieux monde, continue de polluer les relations entre les deux pays.

En se replongeant dans l'atmosphère qui régna au Parlement de Westminster, peu avant la guerre en Irak, on ne peut qu'être frappé par la forte hostilité que la France continue de susciter sur les rives de la Tamise. Tony Blair a exploité sans vergogne ce vieux fond anti-français pour convaincre les députés rebelles de rentrer dans le rang. La ficelle était un peu grosse, pourtant le coup de Trafalgar a parfaitement fonctionné !

Février 2003 : la situation politique de Tony Blair apparaît extrêmement périlleuse. Les sondages s'obstinent à désapprouver une intervention militaire en Irak. Un million et demi de personnes viennent de défiler sous les fenêtres du Premier ministre. Une majorité de députés rebelles menace de bouter hors de Downing Street ce leader contre lequel, jusqu'alors, ils n'osaient pas s'élever en raison de son insolente popularité. L'affaire paraît plutôt mal engagée pour Tony Blair... En théorie, l'arithmétique parlementaire ne pose guère de problèmes : avec les voix des Conservateurs (américanisme pavlovien oblige), Blair est assuré d'arracher une majorité pour engager les troupes britanniques dans leur quatrième conflit majeur (Kosovo, Afghanistan, Sierra Leone, Irak) en seulement six ans.

Mais en pratique, un Premier ministre britannique ne peut se maintenir en poste s'il est désavoué par ses propres troupes parlementaires, surtout sur une question aussi cruciale qu'une déclaration de guerre. Or la majorité travailliste tangue dangereusement. Le mois précédent, 122 députés travaillistes ont utilisé une procédure technique pour exprimer leur opposition à une guerre en Irak. Tony Blair a assisté, impuissant, à la plus grosse jacquerie parlementaire de l'histoire politique moderne de la Grande-Bretagne. Il a toutes les raisons d'être inquiet pour ce second vote, surtout s'il n'obtient pas la fameuse deuxième résolution onusienne que le gouvernement britannique cherche désespérément à arracher (Londres argumentera plus tard que la résolution 1441 légitimait à elle-seule l'intervention militaire...).

Mars 2003 : Avec un courage politique qu'il faut bien lui reconnaître, Tony Blair a accepté de soumettre au vote de la Chambre des communes, "mère de tous les Parlements", l'engagement des troupes britanniques en Irak. Jamais ce Premier ministre, si souvent critiqué pour aller dans le sens du vent, ne s'est engagé dans un pari aussi risqué. Tony Blair se retrouve dangereusement exposé : il n'est pas à l'abri d'un putsch parlementaire similaire à celui qui mit un terme à la carrière politique de Margaret Thatcher. Si la rébellion continue de grossir, la révolte pourrait bien conduire à une révolution de palais. Son rival de toujours, le chancelier de l'Echiquier Gordon Brown, attend son heure... Il ne reste plus qu'une poignée de jours pour convaincre les rebelles de rentrer dans le rang. D'ailleurs, combien sont-ils ? 130 ? 150 ? 170 ? 200 ? Les calculettes du 10 Downing Street s'affolent : le nombre possible des rebelles flirterait dangereusement avec la barre des deux cents. L'heure est grave. Tony Blair croit utile de prévenir femme et enfants que *Daddy* aura peut-être plus de temps libre dans un avenir très proche. Le ministre des Affaires étrangères Jack Straw en fait de même. Son collègue de la Défense, Geoff Hoon, prévient son homologue du Pentagone que les GI's devront peut-être se passer du soutien de la *British Army*. L'affaire conduira d'ailleurs à un joli couac anglo-américain.

Mais, *thank God*, il y a Jacques Chirac ! Dix mars 2003 : sur TF1 et France 2, le chef de l'Etat annonce que la France est prête à opposer son veto à une résolution autorisant une intervention armée en Irak. La sentence présidentielle - "quelles que soient les circonstances, la France votera non" - va devenir outre-Manche la phrase la plus martelée, la plus commentée et la plus... détournée de l'histoire diplomatique récente. Tony Blair et ses ministres qui reprochent si souvent aux journalistes de citer leurs propos hors contexte ne vont pas s'embarrasser de tels scrupules déontologiques. Mais avant d'examiner cette opération de distorsion massive, il n'est pas inutile de se replonger dans la transcription de l'interview télévisée de Jacques Chirac.

Le président de la République répond à une question sur l'équilibre des forces au sein du Conseil de sécurité de l'ONU :

Jacques Chirac - *Alors, deuxième hypothèse, un certain nombre de gens changent d'avis par rapport à ce que je crois être leur sentiment ce soir. A ce moment-là, il peut y avoir effectivement une majorité de neuf voix ou plus qui sont pour la nouvelle résolution, celle qui autorise la guerre pour dire les choses simplement. A ce moment-là, la France votera non. Mais il y a une caractéristique, c'est cela que l'on appelle en réalité le veto, c'est que, lorsque l'un des cinq membres permanents, les Etats-Unis, l'Angleterre, la Russie, la Chine, la France, votent non, même s'il y a une majorité, la résolution n'est pas adoptée. C'est ce que l'on appelle le droit de veto.*

Question - *Et c'est pour l'instant votre position de principe, ce soir ?*

Jacques Chirac - *Ma position, c'est que, quelles que soient les circonstances, la France votera non parce qu'elle considère ce soir qu'il n'y a pas lieu de faire une guerre pour atteindre l'objectif que nous nous sommes fixé, c'est-à-dire le désarmement de l'Irak.*

Quand Chirac utilise l'expression *"quelles que soient les circonstances"* il se réfère très clairement au rapport de forces au sein du Conseil de sécurité et non pas à l'attitude de Saddam Hussein. Le président de la République prend la précaution de préciser que c'est la position de la France *"ce soir"*, laissant clairement entendre que l'attitude française peut encore évoluer. Ce n'est pas précisément la lecture que les services du Premier ministre britannique et du Foreign Office vont faire des propos présidentiels.

Pour Tony Blair, qui s'est désespérément accroché à un semblant de légalité internationale pour justifier l'intervention anglo-américaine, le "non" français sonne le glas du processus diplomatique et enterre la seconde résolution jugée cruciale pour "vendre" la guerre au Parlement de Westminster. Un moment déstabilisés par la foucade chiraquienne, Tony Blair et son armée de *spin doctors* - ces diplômés de la manipulation politique - ne tardent pas à voir les bénéfices d'une attaque en règle du "veto déraisonnable" des Français.

"La saison anti-française est ouverte" écrit alors le *Guardian*. La France est accusée par un officiel du 10 Downing Street d'avoir injecté du "poison" dans le processus diplomatique. Le *Foreign Secretary* Jack Straw, ancien étudiant gauchiste pro-Allende devenu avec l'âge le fidèle allié d'une des administrations américaines les plus conservatrices de l'après-guerre, est dépêché sur les plateaux de télévision et les studios de radio pour décrédibiliser la position française. Avec un art consommé de la caricature, le ministre des Affaires étrangères torture les propos présidentiels au point de les rendre méconnaissables. L'expression "quelles que soient les circonstances" devient un leïtmotiv repris en chœur par le gouvernement néo-travailliste : n'est-ce pas la preuve irréfutable que les Français n'autoriseront jamais à ce que l'on touche un poil de la moustache de Saddam Hussein même s'il devait être pris la main dans un sac d'anthrax, de sarin ou d'uranium enrichi ? Le "ce soir" de Jacques Chirac a certainement dû sauter dans la version anglaise car la position française est systématiquement présentée comme définitive et immuable.

Distordez, distordez, il en restera toujours quelque chose. Tony Blair et ses ministres répercutent la même contre-vérité à la Chambre des communes, sur les ondes des radios et sur les plateaux de télévision. Le gouvernement britannique se garde bien d'afficher une francophobie trop voyante et laisse ce soin à son allié objectif : la presse tabloïde.

La position française a pourtant le mérite de la consistance : Paris considère qu'il faut donner aux inspecteurs de l'ONU le temps nécessaire pour dénicher (s'il existe) l'arsenal irakien, cette condition n'étant pas remplie, la France s'oppose donc à une seconde résolution autorisant un recours automatique à la guerre. A la Chambre des communes, l'heure de vérité approche pour Tony Blair. Privé de cette seconde résolution onusienne qu'il s'était juré d'arracher, l'ancien avocat met toute son éloquence dans la bataille pour forcer la main des députés réticents à approuver l'entrée en guerre des troupes britanniques. Sans rire, Tony Blair accuse la France d'avoir saboté le processus diplomatique en réclamant plus de temps pour... la diplomatie. Jacques Chirac "demeure totalement opposé à tout ce qui pose un ultimatum autorisant un passage à l'action en cas de non-coopération de Saddam... Je ne suis pas préparé à continuer à attendre et retarder avec nos troupes en place dans des circonstances difficiles quand ce pays (la France) a clairement fait savoir qu'il avait une position figée et qu'elle ne changerait pas".[1]

Au gouvernement, sur les bancs conservateurs, dans la presse tabloïde, des arguments d'un sophisme ahurissant fusent de partout. La France se voit même reprocher d'avoir accéléré la marche vers... la guerre. En brandissant la menace du veto, Jacques Chirac a empêché l'adoption d'une seconde résolution qui aurait contraint Saddam à désarmer. C'est ce blocage français du processus diplomatique qui aurait rendu inévitable l'invasion de l'Irak. CQFD. Le plus chaud partisan de la solution pacifique devient le premier responsable de la guerre. C'est oublier un peu vite que le projet de résolution prévoyait précisément un ultimatum débouchant sur un recours à la force. C'est passer sous silence la présence de 250.000 soldats américains et de 50.000 militaires britanniques massés dans le Golfe et n'attendant plus que le coup d'envoi des hostilités. C'est aussi faire peu de cas de la position d'autres membres permanents du Conseil de sécurité : par la voix de

(1) Discours à la Chambre des communes. 18 mars 2003.

son ministre des Affaires étrangères, la Russie vient alors d'annoncer son intention d'opposer son veto à une seconde résolution. Mais, la France est clairement une cible bien plus fédératrice. Tout le monde, sur les banquettes vertes de Westminster, ne se laisse pourtant pas convaincre par la propagande blairiste : "Il y en a beaucoup de chaque côté de cette Chambre et dans le pays, qui croient que la très diabolisée France n'est pas isolée au Conseil de sécurité dans son opposition à cette guerre" tonne un député travailliste.

Les relations franco-britanniques sont alors à leur plus bas niveau depuis une quarantaine d'années. Incrédule face à ce déversement de mauvaise foi, Dominique de Villepin, alors patron du Quai d'Orsay, appelle son homologue britannique pour lui demander fermement de mettre un terme à la rhétorique anti-française utilisée à Whitehall, le quartier des ministères : "Nous comprenons pleinement la pression interne qui pèse sur le gouvernement britannique, mais ces commentaires ne sont pas dignes d'un pays qui est un ami et un partenaire européen. De plus, cette présentation des faits n'est pas conforme à la réalité et ne trompe personne".[2] Pas si sûr... Dans les coulisses de

(2) Communiqué du ministère français des Affaires étrangères, 19 mars 2003.

Westminster, les *whips* (les gardes-chiourme des groupes parlementaires) relaient la propagande gouvernementale auprès des *backbenchers* (les députés de base) du Labour avec une redoutable efficacité.

Dans la panoplie d'arguments destinés à remettre les brebis égarées dans le droit chemin, la "duplicité française" figure en bonne place. Certains députés prêts à rejoindre le camp anti-guerre se laissent convaincre que le veto français est guidé par d'inavouables arrière-pensées : "Les Français ont cette longue tradition de se préoccuper d'eux-mêmes. Ils ont des intérêts financiers en Irak, ils ont des intérêts pétroliers. Leurs motifs ne sont pas aussi purs que ceux d'autres membres permanents du Conseil de sécurité. Je ne pense pas que la France sortira indemne de tout ceci. Les gens peuvent comprendre la sensibilité des Allemands. Leurs motifs sont plus purs que ceux de la France" juge un député travailliste. "Les Français agissent avec duplicité et jouent leur propre jeu" ajoute un autre, "certaines choses qu'ils disent maintenant sont le contraire de ce qu'ils disaient quand ils ont signé la résolution 1441. C'est bien trop sérieux pour jouer à ce jeu".

Double-jeu, duplicité, perfidie, arrière-pensées, intérêts cachés... Les siècles passent, les préjugés restent : les inusables clichés anti-français sont ressortis de l'armoire pour ramener au bercail les députés tentés par la rébellion. Si la France s'oppose à cette guerre, ce n'est bien sûr pas qu'elle juge l'intervention illégale, immorale ou dangereuse. Lui concéder des motivations aussi nobles serait lui faire trop d'honneur. Vu d'Angleterre, la position de la France est forcément dictée par un égoïsme congénital. "Nos craintes que l'opposition française à la guerre soit basée sur son seul intérêt sont justifiées par les chiffres (cf. échanges commerciaux avec l'Irak). Il apparaît que Chirac a agi comme le VRP de Saddam Hussein en Europe" affirme un officiel du gouvernement sous le couvert de l'anonymat oubliant certainement que les Américains et les Britanniques ne furent pas les derniers à se bousculer au portillon quand le tyran de Bagdad était encore en odeur de sainteté dans les capitales occidentales. Ministre du Cabinet Blair, Peter Hain en vient à des attaques plus personnelles : "Personne ne voit Jacques Chirac comme un policier du monde crédible et moral"[3],

(3) Le *Guardian*, 17 mars 2003.

petite allusion perfide à la probité réputée très relative du président français.

Vu de Londres, Jacques Chirac s'est laissé intoxiquer par la cote de popularité himalayenne que lui a conférée sa posture anti-guerre. Un rien ironique, le *Times* note que "Chirac, le héros anti-guerre, a enfin trouvé sa destinée". A Londres, on considère la possible nomination de Jacques Chirac au prochain prix Nobel de la paix comme le gag de l'année. Pourquoi ne pas "nobeliser" Napoléon à titre posthume ?

Que le respect du droit international n'ait pas été l'unique préoccupation de Jacques Chirac dans l'affaire irakienne, ceci est fort probable. Les autres motivations pour s'opposer à l'intervention armée ne manquaient pas : l'hostilité de l'opinion française à la guerre, l'influence de la France dans le monde arabe, le poids de sa communauté musulmane (la plus importante en Europe), la résistance traditionnelle à l'hégémonisme américain... En revanche, la simple logique interdit de penser que la France se soit mise en travers du chemin des Etats-Unis dans l'unique espoir de sauver le régime de Saddam Hussein et les intérêts commerciaux et pétroliers afférents. Ou alors quelle formidable erreur de jugement ! (D'aucuns argumenteront que

Jacques Chirac n'est pas à une erreur de jugement près).

Resituons-nous dans le contexte d'avant-guerre. Avant même la menace du veto français, l'invasion de l'Irak est devenue une quasi-certitude (tout indique que le renversement de Saddam Hussein était déjà souligné en rouge dans l'agenda de George W Bush après le 11 septembre 2001). Avec ou sans mandat de l'ONU, la guerre constitue alors la seule option retenue par Washington : en témoigne l'imposante armada anglo-américaine déjà déployée dans le Golfe. Avant le déclenchement d'un des conflits les plus déséquilibrés de l'histoire militaire, nul n'est besoin d'être grand clerc pour prévoir que les jours du régime de Saddam Hussein sont comptés. Certains doutent parfois de la finesse de notre président mais de là à croire que sa stratégie consiste alors à voler au secours d'un dictateur déjà condamné pour défendre les intérêts de la France en Irak, c'est exagérer grandement son manque supposé de subtilité. Avant même le premier coup de canon, la France sait qu'elle paiera le prix de son impertinence. En fâchant le géant américain, elle vient de se condamner à ne jouer qu'un rôle marginal dans la reconstruction de l'Irak et dans l'exploitation de ses réserves pétrolières. Les Etats-Unis - qui bien sûr ne nourrissent pas d'aussi viles arrière-pensées -

ont déjà organisé les appels d'offre pour les compagnies américaines, les entreprises britanniques devant d'ailleurs se contenter des miettes. Mais de tout ceci, il n'est bien évidemment nullement question dans les discours de Tony Blair et de ses tontons flingueurs qui - le plus souvent anonymement - colportent le portrait peu flatteur d'une France vénale obsédée par ses intérêts commerciaux et insensible à la question des droits de l'homme.

En France, le ton est loin d'être aussi agressif. Après avoir dégainé un peu rapidement (et imprudemment ?) l'arme atomique de la diplomatie - le veto - Paris adopte un profil bas et se garde d'alimenter la guerre des mots avec ses "alliés". Malgré tout, nombre d'hommes politiques et de journaux français ne résistent pas à la tentation d'une riposte sur le thème bien connu du suivisme des Britanniques. Inévitablement, Tony Blair est caricaturé sous les traits du valet servile de George Bush. En engageant son pays dans la guerre en Irak, le fidèle serviteur de l'Amérique n'aurait fait qu'obéir aux ordres de son maître de la Maison Blanche. Cette analyse simpliste, si répandue au sud de la Manche, ne résiste pas à l'épreuve des faits.

La préoccupation de Tony Blair concernant les armes de destruction massive en Irak est, en effet, bien antérieure à l'accession de George Bush au pouvoir. "Les crises irakiennes récurrentes de 1998 n'étaient que des répétitions avant la guerre de 2003" écrit le journaliste britannique Peter Riddel dans son livre *Hug Them Close. Blair, Bush and the Special Relationship* (2003). "Ce que dit et ce que fait Tony Blair à ce moment-là explique l'essentiel de ce qui va se passer par la suite. Loin d'avoir été persuadé d'adopter une ligne dure contre Saddam Hussein pour se faire bien voir à Washington - la vision largement répandue du 'caniche de Bush' - Blair a argumenté en faveur d'une telle approche, y compris la menace d'une action militaire, depuis fin 1997. Des hauts fonctionnaires se souviennent que très tôt lors de son premier mandat, il parlait du problème des armes de destruction massive".

L'ancien leader des Libéraux-démocrates britanniques, Paddy Ashdown, se souvient dans ses mémoires d'une conversation avec Tony Blair sur le même thème, dès novembre 1997. Le Premier ministre lui avait alors confié ses craintes basées sur la lecture des rapports du renseignement britannique: "J'ai maintenant vu des choses là-dessus. Vraiment, ça fait plutôt peur. Il (Saddam) n'est plus très loin d'avoir des armes de destruction massive terribles.

Je ne comprends pas pourquoi les Français et d'autres ne comprennent pas cela. Nous ne pouvons pas le laisser s'en tirer avec ça. Le monde pense que c'est juste un jeu. Mais c'est terriblement sérieux".[4] L'expression de cette inquiétude concernant les armes de destruction massive (ADM), dès 1997, ne donne bien sûr pas raison à Tony Blair comme semble l'indiquer l'absence de preuves de l'existence d'un tel arsenal. Mais cela prouve pour le moins que l'action du Premier ministre n'a pas seulement été guidée par cet atlantisme pavlovien que les Français prêtent un peu trop facilement aux dirigeants britanniques.

Le grand tort de Tony Blair est certainement d'avoir pris les rapports du renseignement britannique pour parole d'évangile (le Premier ministre était visiblement trop heureux de se laisser "convaincre"). Dans ses mémoires, Hans Blix, l'ancien chef des inspecteurs de l'ONU en Irak, oppose l'attitude circonspecte de Jacques Chirac sur les armes de destruction massive à celle bien plus crédule de Tony Blair : "Chirac disait que la France n'avait aucune 'preuve sérieuse' que l'Irak conservait des armes interdites. Ayant rencontré les

(4) Paddy Ashdown, *The Ashdown Diaries*, London, Allen Lane, Penguin, 2001.

gens du renseignement français et les ayant écouté, je remarquai avec beaucoup d'intérêt que Chirac ne partageait pas leurs conclusions sur l'Irak. Les services de renseignement parfois 's'intoxiquent les uns les autres' disait-il". S'il considère Tony Blair comme un homme de conviction, et non pas comme un "super-menteur", Hans Blix remarque que le Premier ministre britannique s'est laissé convaincre "jusqu'à la crédulité" par les rapports des services de renseignement. C'est une appréciation peu flatteuse sur les qualités de jugement du Premier ministre britannique. Mais, en l'absence d'armes de destruction massive en Irak, seule justification légale de l'intervention militaire avant-guerre, Tony Blair apparaît disposé à accepter une telle critique pourvu qu'elle n'implique pas l'accusation d'avoir délibérément exagéré la menace irakienne et trompé son pays pour justifier une entrée en guerre des troupes britanniques. Cette interprétation reste ouverte à la discussion et risque d'être encore longuement débattue par les historiens.

Le 10 mars 2003, "l'intransigeance française" vient donc torpiller tous les efforts entrepris par Tony Blair pour rassembler un large soutien de la communauté internationale et, selon lui, empêcher la puissante Amérique de revenir aux vieux démons de l'unilatéralisme. C'est sous son amicale pression que le président américain a accepté d'emprunter la voie onusienne contre l'avis des faucons du camp républicain (Dick Cheney, Donald Rumsfeld, Paul Wolfowitz). Si fier d'avoir amené l'administration Bush à la table des négociations à New-York, Tony Blair enrage de voir ce succès originel tourner au fiasco diplomatique. Trop confiant, le chef du gouvernement britannique, qui jusque là n'avait pas encore goûté aux fruits amers de l'échec, a préjugé de son indéniable pouvoir de persuasion. Il a gravement sous-estimé les résistances de l'Allemagne, de la Russie, de la Chine et surtout de la France propulsée au rang de chef de file du camp anti-guerre.

Piétinant la tradition anglaise du fair-play, Tony Blair reporte la responsabilité de ses propres échecs sur Paris et son "veto déraisonnable", concept inédit dans le droit international et appréciation pour le moins subjective de la "déraison" : demander la preuve de la culpabilité d'un Etat avant de le bombarder n'apparaît pas forcément complètement "déraisonnable" aux yeux de tous. Un rapide coup d'oeil sur l'utilisation passée du veto au conseil de sécurité des Nations Unies permet d'ailleurs de constater que la France s'est montrée nettement moins "déraisonnable" que le Royaume-Uni :

18 vetos contre 32 (ne parlons même pas des Etats-Unis : 76 vetos, généralement pour protéger Israël). Les Britanniques ont dégainé leur veto "en solo" à sept reprises pour empêcher l'adoption de textes sur la situation en Rhodésie, aujourd'hui le Zimbabwe, ancienne colonie britannique. La France n'a utilisé son veto, en solitaire, que deux fois. Il n'empêche, à l'heure où Tony Blair lutte pour sa survie politique, tous les arguments sont bons - y compris celui du "veto déraisonnable".

Tony Blair se montre pourtant bien ingrat à l'égard de Jacques Chirac. En brandissant la menace du veto, le président français a fourni le prétexte idéal aux Anglais et aux Américains pour stopper une procédure onusienne qui menaçait de leur exploser à la figure. Assez bizarrement, trop occupés à célébrer la posture gaullienne de leur président, les Français n'ont pas vraiment réalisé combien l'utilisation de cette menace préventive du veto s'est avérée extrêmement contre-productive. Malgré les pressions amicales et les froissements de billets verts, tout semblait en effet indiquer que les Etats-Unis ne parviendraient pas à obtenir les neuf voix sur quinze nécessaires à l'adoption par le Conseil de sécurité de la fameuse seconde résolution. Si pour la puissante Amérique, l'appui de la communauté internationale était une condition souhaitable, elle n'était en rien indispensable. On peut raisonnablement gager qu'un vote négatif du Conseil de sécurité n'aurait pas stoppé les faucons de la Maison Blanche et du Pentagone dans leur marche irrésistible vers la guerre. Il n'en va pas de même pour la Grande-Bretagne où la classe politique, la presse et l'opinion se montraient plus soucieuses du droit international.

Il est certainement facile d'écrire l'histoire telle qu'elle ne s'est pas produite mais il apparaît très improbable que Tony Blair aurait trouvé une majorité sur les bancs travaillistes si un vote négatif au Conseil de sécurité avait réduit à néant ses efforts désespérés pour obtenir l'aval de la communauté internationale. La menace du veto français a probablement sauvé Tony Blair d'un camouflet onusien potentiellement fatal pour sa position de Premier ministre. Certes Tony Blair est sorti les mains vides du psychodrame onusien, mais il a habilement argumenté que cette absence de soutien de la communauté internationale s'expliquait par l'inflexibilité d'un seul pays, ledit pays étant (quelle aubaine) : la France !

Dans sa biographie du Premier ministre britannique (*Tony Blair. The Making of a World Leader*, 2004), le journaliste Philip Stephens considère l'intervention française comme l'un des éléments déterminants qui aura tiré d'affaire Tony Blair : "C'est une ironie exquise que Jacques Chirac ait fait plus que quiconque pour sauver le Premier ministre britannique. A ce moment-là, Blair était convaincu par les rapports du renseignement que Chirac avait l'intention de le détruire politiquement sur la scène européenne. Les bribes de conversation privée du président français rapportées au Premier ministre suggéraient qu'il voulait le voir tomber. L'attitude vis-à-vis des Français à Downing Street était alors aussi belliqueuse qu'elle a toujours pu l'être durant la longue histoire de rivalités entre les deux nations. Mais quand Chirac déclare le 10 mars que la France opposera son veto à toute tentative de faire adopter une seconde résolution aux Nations-Unies, il fournit involontairement à Blair l'excuse dont il avait besoin pour s'engager dans la guerre sans une autorisation supplémentaire des Nations-Unies (...) Les jours suivants, le Premier ministre et d'autres ministres exploitent sans relâche la déclaration de Chirac, ravivant la tradition nationale d'hostilité envers la France. Avec Blair lui-même, Gordon Brown, John Prescott, une poignée d'autres ministres font pression sur tous les rebelles potentiels pour les faire rentrer dans le rang, le nombre de dissidents commence à chuter. Le gouvernement français peut bien protester que ces tactiques de basse politique ne collent guère aux grands principes invoqués par Blair pour justifier sa position. 'Ce serait tellement plus facile si le vote portait sur une guerre avec la France' ne plaisante qu'à moitié un blairiste alors que le Premier ministre se bat pied à pied pour chaque vote".

"Always blame the French"... la formule magique a donc fonctionné à merveille avec le concours bien involontaire de Jacques Chirac. La France s'est avérée l'épouvantail idéal. On peut raisonnablement avancer qu'un veto de la Russie ou de la Chine n'aurait certainement pas eu le même impact. Quelques bourdes de la diplomatie française à New York finissent d'aider Tony Blair dans sa quête fastidieuse d'une majorité travailliste. Ainsi, quand la Grande-Bretagne présente à l'ONU son "plan de la dernière chance", la France est la première à rejeter les propositions britanniques, en avance de quelques heures sur... Bagdad.

Le mardi 18 mars 2003, le *Hansard*, la bible du Parlement britannique, enregistre le résultat du vote historique à Westminster : 139 députés travaillistes sur 410 ont approuvé l'amendement déclarant "non prouvé" l'argument en faveur de la guerre. En clair, plus d'un député Labour sur trois a voté contre la guerre. C'est peut-être la plus grosse rébellion de l'histoire parlementaire britannique mais Tony Blair peut retrouver le sourire : le pire est évité. Le Premier ministre est loin d'être minoritaire dans son propre camp et il peut en outre se prévaloir d'une confortable majorité à la Chambre des communes. Un *whip* travailliste confiera plus tard que le "French veto" a dissuadé une cinquantaine de députés travaillistes de voter contre le gouvernement. Bref, la rhétorique anti-française a porté ses fruits : Bagdad valait bien quelques contre-vérités.

Tony Blair a sauvé sa tête, la guerre ne commencera pas sans lui. Dès les premiers coups de canon, réflexe patriotique oblige, les courbes d'opinion s'inversent : une majorité des Britanniques approuve désormais le recours à la force. Secrètement, Tony Blair peut remercier la France. Où serait-t-il aujourd'hui sans ce voisin expiatoire toujours à portée d'invectives ? Aurait-il entamé la rédaction de ses mémoires retiré dans un cottage du Kent ? Ferait-il le tour de la planète pour donner des conférences à 3000 dollars la minute comme son ami Bill Clinton ? Serait-il en train de préparer patiemment un *come back* sur la scène européenne : président de la Commission de Bruxelles pour terminer sa carrière en beauté ? En son for intérieur, Tony Blair sait qu'il doit une fière chandelle à Jacques Chirac. Mieux, la France a le bon goût d'étouffer sa rancune...

Les occasions de prendre une revanche facile ne manqueraient pourtant pas. L'année qui suit la chute de Bagdad s'apparente pour Tony Blair à un véritable chemin de croix seulement égayé par la capture de Saddam Hussein et l'adieu du Colonel Kadhafi à ses armes de destruction massive. L'Irak devient, selon l'expression d'un député travailliste, "comme de la boue collée aux chaussures" du Premier ministre. Avant même le déclenchement des hostilités, l'histoire du "dodgy dossier" ("le dossier douteux") a déjà jeté une ombre sur la crédibilité de Tony Blair. Ce document concocté par les services du 10 Downing Street est censé prouver la sérieuse menace que représente le régime irakien pour la planète entière. Las, les services du Premier ministre doivent piteusement reconnaître que ledit dossier - présenté comme un document basé sur des informations du renseignement britannique - intègre les pans entiers d'une thèse de doctorat publiée dix ans plus tôt. La source, un chercheur américain spécialiste de l'Irak, n'y est jamais mentionnée. Pire, certains passages plagiés ont même été corsés pour rendre le document plus convaincant.

L'incident n'est qu'un aimable apéritif comparé à ce qui va suivre. La statue de Saddam Hussein à peine renversée de son socle, de sérieux doutes sur les justifications ayant conduit à la guerre refont surface. En septembre 2002, Tony Blair avait accusé le régime de Saddam Hussein de chercher à développer un programme d'armement nucléaire en se procurant de l'uranium au Niger. L'information, fournie par le renseignement britannique, avait été transmise à Washington et reprise par George Bush dans son discours sur l'état de la nation le 29 janvier 2003. L'Agence Internationale de l'Energie Atomique décide alors d'enquêter et constate que les allégations sont basées sur de faux documents. Un rien embarrassées, la CIA et la Maison Blanche reconnaissent que les accusations n'auraient pas dû figurer dans l'adresse de Bush au Congrès américain. Washington fait amende honorable mais pas Tony Blair qui fait mine de croire encore à son histoire d'uranium africain.

Le 29 mai 2003 à 6h07, Andrew Gilligan, reporter spécialisé dans les questions de défense à la BBC, intervient de chez lui sur les ondes de *Radio 4*. Ce direct va devenir l'intervention radiophonique la plus commentée, la plus analysée et la plus controversée de la longue histoire de la BBC. Sur la foi d'une source anonyme, identifiée comme un haut responsable du renseignement, le journaliste accuse le gouvernement britannique d'avoir délibérément exagéré la menace irakienne. En septembre 2002, Tony Blair a présenté son dossier à charge contre

Saddam Hussein au Parlement de Westminster. Selon la source citée par Andrew Gilligan, le 10 Downing Street a fait pression sur les services de renseignement (le MI5 et le MI6) pour rendre le dossier "plus sexy", autrement dit plus alarmiste. *Number Ten* aurait notamment fait rajouter dans le document la mention des "45 minutes" - le temps soit-disant nécessaire à l'armée irakienne pour le déploiement de son arsenal de destruction massive - "tout en sachant que l'information était fausse". De telles allégations reviennent à accuser le Premier ministre d'avoir menti au Parlement, allégation la plus grave qui soit. Le gouvernement exige aussitôt des excuses mais la BBC refuse de retirer ses accusations. Il s'ensuit une lutte sans merci entre le pouvoir et la vénérable institution de l'audiovisuel public britannique.

Le bras de fer dure déjà depuis cinq semaines quand David Kelly, un expert en armement du ministère de la Défense, fait savoir à son supérieur hiérarchique qu'il a rencontré, en mai dernier, le journaliste Andrew Gilligan pour un entretien en "off". Mais le scientifique, un ancien inspecteur de l'ONU en Irak, dit ne pas se reconnaître dans les propos rapportés par la BBC. C'est l'occasion rêvée de "baiser Gilligan" comme l'écrit dans son journal Alastair Campbell, responsable de la communication du 10 Downing Street suivant son titre officiel, génie de la manipulation politique selon ses innombrables détracteurs. Campbell, qui quittera volontairement le *Number Ten* quatre mois plus tard, en a fait une affaire hautement personnelle : il entend laver son honneur et celui de Tony Blair en prouvant que le reporter de la BBC a gonflé les informations de sa source.

Le *Ministry of Defence* (MoD) s'est engagé auprès de Kelly à lui garantir l'anonymat. Las, son nom ne tarde pas à faire la une des journaux : de façon pour le moins hypocrite, le service de presse du MoD a dressé un portrait si précis du scientifique que tous les journalistes spécialisés ont pu facilement identifier la source anonyme de la BBC. La descente aux enfers vient de commencer pour David Kelly. Homme d'un naturel réservé, l'expert en armement se retrouve au coeur d'une frénésie médiatique contre laquelle le MoD ne fait pas grand chose pour le protéger. David Kelly doit même passer devant une redoutable commission d'enquête parlementaire. Cette audition filmée tourne à l'humiliation publique pour l'expert en armement. Deux jours plus tard, le 18 juillet 2003, le corps sans vie du scientifique est retrouvé dans la campagne oxfordienne. Le Dr Kelly s'est taillé les veines du poignet avec son vieux couteau de boy-scout. L'annonce de la mort de David

Kelly fait l'effet d'une bombe. Dans les premières 24 heures, le suicide est loin d'être une certitude. Le scandale fait vaciller le pouvoir. Tony Blair est en tournée au Japon, une meute de journalistes l'attend de pied ferme. Le reporter du *Daily Mail* se lève : "Monsieur le Premier ministre, avez-vous du sang sur les mains ? Allez-vous démissionner ?". Tony Blair refuse de répondre.

"L'affaire Kelly" va alors déboucher sur une enquête publique longue et minutieuse dirigée par un magistrat de haut rang : Lord Brian Hutton. Tous les acteurs du drame défilent à la barre y compris Tony Blair qui a répondu à la convocation du juge. La moindre mise en cause du Premier ministre par le vieux magistrat signerait son arrêt de mort politique. Le gouvernement et la BBC coopèrent pleinement à l'enquête publique : les e-mails, les mémos, les agendas, les minutes des réunions et même les journaux intimes sont épluchés par Lord Hutton. Les audiences ne sont pas télévisées mais, dans un souci de transparence, les compte-rendus sont mis en ligne le jour-même. L'enquête publique laisse l'impression générale d'un pouvoir exerçant de subtiles pressions sur les services de renseignement pour qu'on lui dise ce qu'il veut entendre sur l'Irak. Coupable de légèreté et d'imprécision dans toute cette affaire, la

BBC voit, au fil des audiences, sa réputation de professionnalisme sérieusement remise en cause.

En Grande-Bretagne comme à l'étranger, l'enquête publique est unanimement saluée pour son caractère exemplaire. D'où la surprise générale quand le très respecté Lord Hutton rend l'un des jugements les plus déséquilibrés de l'histoire judiciaire britannique : les services du Premier ministre et du ministère de la Défense sont miraculeusement épargnés par le rapport du magistrat au point d'apparaître presque embarrassés par ce que la presse qualifie aussitôt de "whitewash" (expression anglaise difficilement traduisible qui revient à dire que le gouvernement a été blanchi à bon compte). La BBC est en revanche accablée de tous les maux : dans les heures qui suivent la publication du rapport, son président et son Directeur général tirent les conclusions de l'implaccable réquisitoire du haut magistrat.

La fin des malheurs de Tony ? Pas vraiment. Les fameuses armes de destruction massive qui constituaient, selon les termes de Tony Blair, "une menace grandissante et imminente" s'obstinent à jouer les Arlésiennes. Le premier anniversaire de la guerre en Irak passe sans que l'ombre d'une arme chimique, bactériologique ou nucléaire n'ait été découverte. Le chef du groupe de surveillance de l'Irak, l'américain David Kay, a compris qu'il ne trouverait rien sous le sable irakien : il a déjà jeté l'éponge persuadé que l'arsenal censé mettre en péril la paix mondiale n'existait probablement plus depuis des années. Signe des temps : Tony Blair ne cherche même plus à convaincre son pays de l'existence de ces armes, il demande simplement à ce qu'on arrête de mettre en doute son intégrité. Autrement dit : il s'est peut-être trompé mais il n'a pas cherché à tromper...

Son ancienne ministre au Développement international, Clare Short, défend une version des faits plutôt différente. Sur les ondes, à la télévision, "la femme de destruction massive" (comme l'a surnommée la presse en raison des dégâts que provoque chacune de ses interventions) affirme que le pays a été "dupé" par le Premier ministre. Cette passionaria du "Old Labour" affirme que la décision d'envahir l'Irak était prise avant le vote de la résolution 1441 en novembre 2002, avant l'envoi des équipes d'inspection des Nations-Unies sous la houlette d'Hans Blix, avant le psychodrame onusien de l'hiver 2003. Selon Clare Short, la décision avait déjà été arrêtée par l'administration Bush et avalisée par Blair. Placé lui aussi aux premières loges, l'ancien ministre Robin Cook (qui eut la sagesse de démissionner avant les premières frappes à l'inverse de sa collègue Clare Short) est persuadé que la décision d'intervenir militairement en Irak était prise par Washington dès l'été 2002.

Selon cette thèse que de nombreux témoignages viennent conforter, les discussions au Conseil de sécurité n'auraient donc constitué qu'un rideau de fumée, la Maison Blanche ayant déjà décidé d'attaquer l'Irak quelque fût l'issue des débats onusiens. Il s'agissait de donner à l'action armée le vernis du droit international notamment pour s'assurer que Tony Blair obtiendrait le soutien de son parlement. Si une telle version des faits est avérée, les attaques anglo-américaines contre la France (accusée d'avoir saboté le prétendu processus diplomatique) n'en apparaissent que plus cyniques. *Last but not least*, Clare Short accuse Tony Blair d'avoir laissé traîner ses grandes oreilles dans le bureau de son "ami" Kofi Annan. L'ancienne ministre assure que le Secrétaire général des Nations Unies était placé sur écoute au moment des débats cruciaux sur l'Irak au Conseil de sécurité. Le chef du gouvernement britannique qualifie Short "d'irresponsable" mais ne dément pas les faits.

Le renversement de Saddam Hussein mené au nom de la guerre contre le terrorisme (bien qu'aucun lien n'ait pu être établi entre le régime baasiste et Al

Qaïda) était censé assurer plus de sécurité et de stabilité dans le Golfe. Le chaos dans lequel descend l'Irak depuis la fin des opérations combattantes annoncées triomphalement par George Bush permet de douter de la sagesse d'une telle intervention. Le spectre d'un nouveau Vietnam plane sur l'Amérique tandis que la presse anglaise se fait chaque jour l'écho du malaise grandissant de l'état-major britannique face au scandale des prisonniers irakiens et à la conduite musclée des opérations par l'armée américaine.

Quant à la lutte contre le terrorisme islamiste, l'échec semble tout aussi patent. La guerre en Irak a probablement aidé Al Qaïda dans sa propagande anti-occidentale et joué le rôle de sergent recruteur pour d'éventuelles attaques suicides. Il est bien difficile d'argumenter, à ce stade, que le conflit irakien a rendu le monde plus sûr. Les attentats de Madrid, le 11 mars 2004, ont été interprétés par le peuple espagnol comme un échec total de cette stratégie. Le Premier ministre sortant José Maria Aznar, pilier de la "coalition of the willing" (la coalition des volontaires) a payé chèrement le prix politique de son alignement sur les Américains. Comme les Espagnols, les Britanniques ont le sentiment que la guerre en Irak les a placés en première ligne. Le patron de Scotland Yard ne fait d'ailleurs rien pour dissiper leurs craintes en jugeant "inévitable" une attaque d'Al Qaïda dans la capitale britannique. Pour les services de renseignement, la question n'est plus de savoir "si" mais "quand" l'attaque se produira. Et si (ce qu'à Dieu ne plaise) ses prédictions pessimistes devaient se réaliser, beaucoup de Britanniques se retourneraient certainement vers leur Premier ministre pour lui demander des comptes.

Un dossier plagié, de l'uranium africain imaginaire, des informations sur l'Irak exagérées et au bout du compte des armes de destruction si massives qu'elles en sont devenues introuvables... Tony Blair peut bien répéter que le monde ne se porte pas plus mal sans Saddam, la même réalité demeure : c'est sur la foi d'informations tronquées (d'aucuns disent truquées) qu'une guerre a été menée causant la mort de milliers d'innocents. Nettement moins tragique mais tout aussi contestable, c'est sur la base de ces mêmes "informations" que Blair le francophile s'est servi de la France comme d'un bouc-émissaire bien commode pour s'assurer une majorité parlementaire et partir en guerre. La fin justifiait alors les moyens. Avec le recul, le procédé n'en apparaît que moins glorieux...

Pour Paris, il aurait pu être tentant de réclamer des comptes et d'accuser Bush et Blair d'avoir "organisé une guerre sur la base de mensonges" (comme le fit, après sa victoire électorale, le Premier ministre espagnol José Luis Rodriguez Zapatero). Pourtant, la France a choisi le silence au lieu de se gausser publiquement des malheurs de Tony et de reprendre l'air bien connu du "on vous l'avait bien dit". A l'Elysée comme au Quai d'Orsay, les ennuis d'après-guerre du Premier ministre britannique n'ont fait couler aucune larme de compassion. Il faudra certainement du temps - si cela doit se produire - avant que ne soient renoués les liens amicaux qui unissaient Tony et Jacques avant le différend irakien. Malgré les désaccords, les récréminations, la méfiance réciproque, les deux pays n'ont pourtant d'autre choix que de tourner la page irakienne. La France et la Grande-Bretagne ont trop d'intérêts en commun et de dossiers bilatéraux à traiter pour continuer à s'enferrer dans une interminable querelle. Et puis, pour Paris, perpétuer la fâcherie avec Londres rendrait plus aléatoire une réconciliation véritable avec Washington. Entre la France et l'Angleterre, rien ne vaut un bon vin pour dissiper une brouille.

Le jour de ses cinquante ans, le 6 mai 2003, Tony Blair avait ainsi le plaisir de trouver au pas de sa porte une caisse de six bouteilles de Château Mouton Rothschild 1989 accompagnée de ce petit mot amical: "Cher Tony, Sachant combien tu aimes passer du temps en France, j'ai le plaisir de t'offrir un présent qui illustre la qualité des produits régionaux dans notre pays que tu connais si bien. Je t'envoie mes voeux de bonheur, de santé et de succès les plus chaleureux ainsi qu'à ta famille. J'y ajoute l'expression de mon estime personnelle et mon amitié loyale". Signé : "Jacques". Le lendemain, la presse anglaise ne manquait pas de relever ironiquement que le geste de Jacques Chirac était tout sauf amical puisque le cadeau d'anniversaire en question coûterait à Tony Blair la bagatelle de mille livres sterling (1500 euros). A Londres, où l'on semble tout ignorer des frais de bouche, les ministres - y compris le premier d'entre eux - doivent en effet rembourser au Trésor la valeur d'un cadeau reçu au-delà des 140 livres sterling. Autant dire, un cadeau empoisonné... Mais venant de la perfide France, qui peut s'en étonner ?

Chapitre 2

Le mauvais goût au service de la mauvaise foi.

"Le journalisme est une grande catapulte mise en mouvement par de petites haines"
(Honoré de Balzac)

A tort ou à raison, les médias sont souvent qualifiés de "quatrième pouvoir". En Angleterre, la presse ferait plutôt figure de cinquième colonne tant ses pouvoirs sont considérables. Nombre de journaux ont largement outrepassé leurs fonctions normales de "contre-pouvoir" et croient détenir la réalité du pouvoir : le *Sun*, par exemple, n'hésite jamais à revendiquer une victoire électorale quand "son" candidat remporte les élections générales. Véritable Etat dans l'Etat, les tabloïds anglais assument tour à tour le rôle de décideurs, de procureurs, de justiciers et de faiseurs de rois.

Ainsi, un quotidien comme le *Daily Mail* (ultra-conservateur) trouve parfaitement légitime d'organiser - urnes à l'appui - un "référendum" réclamant une consultation populaire sur la Constitution européenne. De la même façon, les campagnes de presse pour "sauver la livre sterling" sont monnaie courante. Nul n'est vraiment besoin, pour le pouvoir en place, d'organiser des consultations populaires : les tabloïds s'occupent de tout. Sondages express à l'appui, ils donnent une photographie régulière de l'opinion britannique qui, comme un fait exprès, reflète parfaitement la ligne éditoriale du journal avec à la clef des scores à l'africaine.

Le *News of the World* - version dominicale du *Sun* et plus gros tirage de Grande-Bretagne - revêt à l'occasion la robe du juge et l'uniforme du policier pour traquer les pédophiles, les islamistes ou les fraudeurs (du moins supposés tels car quelques malencontreuses erreurs ont parfois conduit à des drames) jetant en pâture leur photo, leur nom et leur adresse. Gardiens auto-proclamés du temple moral, les tabloïds s'octroient - dans un genre plus *people* - un droit de mise à mort médiatique sur les vedettes du petit écran, les starlettes, les sportifs et autres têtes couronnées. Les "red tops" (nom donné aux tabloïds en raison de la bande rouge qui barre leur une) organisent des guet-apens dignes des méthodes du FBI pour exposer les vices cachés des célébrités.

Ils décrivent avec force détails des histoires de coucheries de footballeurs et de demi-stars obtenues à prix d'or auprès d'informateurs vénaux. Pour justifier l'étalage de ces indiscrétions d'alcôve, les tabloïds ne manquent jamais d'invoquer "l'intérêt du public" : dans l'art de l'hypocrisie perverse, ils sont absolument imbattables !

D'un coup de "une" placé au bon endroit, la presse anglaise peut également vous ruiner une carrière politique. On attribue souvent la défaite du travailliste Neil Kinnock face à John Major à une manchette dévastatrice du *Sun*, sortie le jour même du scrutin. La "une" représentait le candidat du Labour avec une tête d'ampoule ("Si le Labour gagne aujourd'hui, le dernier à quitter la Grande-Bretagne pourra-t-il éteindre la lumière, svp ?).

Tony Blair a retenu la leçon : pas question de se laisser écraser par le rouleau compresseur de la presse tabloïde. Dès 1995, le jeune chef de l'opposition travailliste a opéré un rapprochement avec l'ennemi de toujours : Rupert Murdoch, le patron tout-puissant de News Corporation, propriétaire en Grande-Bretagne du *Sun*, du *News of the World*, du *Times*, du *Sunday Times* et actionnaire majoritaire du réseau télévisé BskyB. En 1997 puis en 2001, le candidat Blair s'assure le soutien du titre le plus puissant de la "gutter press" (presse de caniveau) : le *Sun*, trois millions et demi d'exemplaires vendus par jour et dix millions de lecteurs revendiqués ! Rupert Murdoch n'aimant guère se retrouver dans le camp des *losers*, le *tycoon* a autorisé ses journaux à rouler pour le leader du New Labour.

D'aucuns argumenteront qu'il ne s'agissait pas là d'un changement de cap à 180° : le fossé idéologique entre "le candidat de l'extrême-centre" et le magnat de la presse conservatrice étant finalement très surmontable. Tony Blair - qui ne passe pas précisément pour un doctrinaire - s'accommode fort bien de ses relations privilégiées avec la presse de caniveau et ne semble guère indisposé par le fumet nauséabond qui souvent s'en dégage.

Ce mariage de raison entre deux fortes personnalités réputées pour leur pragmatisme s'apparente à une forme d'union libre. L'empereur Rupert, qui adore jouer les faiseurs de roi, se réserve le droit de changer de camp à sa convenance. Sentant que le nouveau chef des Conservateurs représente enfin une alternative crédible, Murdoch a laissé entendre publiquement que ses journaux (théoriquement indépendants) pourraient se mettre au service du leader tory Michael Howard si Tony Blair s'obstinait à mener une politique pro-européenne. Le vieux *tycoon*, basé aux

Etats-Unis, ne trouve visiblement aucunement contradictoire de peser directement sur des élections britanniques tout en reprochant à Bruxelles ses insupportables interférences dans une Angleterre où il ne met pourtant que très rarement les pieds. Certains observateurs ont interprété la décision de Tony Blair d'organiser un référendum extrêmement risqué sur la future Constitution européenne comme une capitulation face à la presse europhobe. Depuis plusieurs mois, les tabloïds réclamaient à cor et à cri une consultation populaire dans l'espoir évident de saborder le projet.

Durant sa campagne irakienne, Blair le chef de guerre a pu admirer toute la puissance de feu de la presse tabloïde qui, à une exception près (le *Daily Mirror*, classé à gauche), a tiré invariablement dans le "bon sens". Au champ du déshonneur, mention spéciale pour le *Sun* qui, son patriotisme borné en bandoulière, publia quelques-unes des pages les plus francophobes de son histoire. Les titres "anti-frogs" ("anti-grenouilles") ont toujours fait recette dans la presse populaire anglaise. L'affaire irakienne a été l'occasion rêvée pour ouvrir les vannes de cette francophobie à fleur de peau. Inévitablement, Jacques Chirac est devenu la tête de Turc du *Sun*.

Les Français, habitués au ton modéré de leur presse et à sa grande déférence vis-à-vis de tout monarque républicain trônant à l'Elysée, ont découvert avec stupeur la "une" du tabloïd, rédigé en français pour l'occasion et distribué gratuitement dans les rues de Paris. "Chirac est un ver" titrait cette édition très spéciale du 20 février 2003 représentant un gros lombric avec la tête de Chirac jaillissant d'une France craquelée. Le journal y fustigeait "la morgue" de celui "qui se pavane avec arrogance sur la scène internationale avec pour seul objectif de donner à son pays une importance démesurée par rapport à la réalité". L'opposition de la France à la guerre en Irak coïncidant avec la venue à Paris du dictateur zimbabwéen Robert Mugabe, le *Sun* ne laissait pas passer cette occasion d'insulter le président des Français : "Le ver rencontre le monstre. Le visqueux Chirac déroule le tapis rouge pour le tyran Mugabe". Un mois plus tard, le tabloïd publiait une caricature de Jacques Chirac sous les traits d'une prostituée attendant le client sur les trottoirs de Pigalle, Saddam Hussein jouant les macs une liasse de billets à la main : "Le mois dernier, nous accusions Jacques Chirac de se comporter comme un ver. Aujourd'hui, nous disons aux Français : Nous ne sommes pas allés assez loin. Votre président n'est pas seulement un ver. Il se conduit comme une prostituée parisienne".[1] Un autre tabloïd, le *Daily Mail*, poursuivait dans la même veine traitant Jacques Chirac de "maquereau de Paris".

Il est difficile d'imaginer des rotatives françaises imprimant des propos aussi orduriers à l'égard d'un chef d'Etat étranger démocratiquement élu... Eh bien, en Angleterre, cette presse n'est pas vendue sous le manteau : elle tire chaque jour à neuf millions d'exemplaires ! Il ne s'agit d'ailleurs pas de discréditer uniquement un leader politique, l'objectif est bien plus ambitieux : déverser un torrent de boue sur tout un pays, en l'occurence une France capitularde, traîtresse, ingrate et égoïste. Un petit florilège des articles publiés par la presse tabloïde avant la guerre en Irak ne permet pas seulement de juger de la violence du propos anti-français, ces morceaux choisis donnent aussi un bel aperçu des stéréotypes négatifs que les gazettes anglaises colportent avec une évidente délectation à la moindre tension transmanche (c'est-à-dire à intervalles réguliers). Trouillard, perfide, ingrat, égocentré... vous avez là le peuple français tel qu'il est décrit à des millions de lecteurs.

La France capitularde ! Grand adepte des photomontages (vieille habitude professionnelle de

(1) Le *Sun*, 21 mars 2003.

distorsion des faits ?) le *Sun* publie la photo d'un Saddam Hussein posant fièrement face à la tour Eiffel comme... Hitler en 1940. "Ce n'est pas pour rien que le mot 'collaborator' nous vient des Français. Si seulement ils collaboraient avec nous, ils pourraient au moins montrer aux Irakiens comment capituler" écrit un éditorialiste du *Daily Express*. Soixante ans après la fin de la deuxième guerre mondiale, le courrier des lecteurs abonde de blagues douteuses sur le passé vichyssois de la France. Petit florilège : "Combien de Français faut-il pour défendre Paris ? Personne ne le sait, ils n'ont jamais essayé". "Pourquoi les Français ont-ils planté des arbres sur les Champs-Elysées ? Pour que les Allemands puissent défiler à l'ombre". "Quelle est la première chose qu'on vous enseigne quand vous incorporez l'armée française ? 'Je capitule' en allemand". "Quand l'Allemagne de l'Est et de l'Ouest ont été réunifiées, il y avait des pourparlers pour relocaliser la capitale à... Paris". "Les Français viennent de commander un nouveau drapeau national : c'est une croix blanche sur fond blanc".

Tel un vieux vétéran arborant fièrement ses médailles rutilantes, la presse tabloïde ne se lasse jamais d'évoquer ses souvenirs de guerre. Cette commémoration perpétuelle de la seconde guerre mondiale permet aux gazettes anglaises de faire une pierre quatre coups en soulignant 1) la barbarie congénitale des Allemands. 2) la couardise traditionnelle des Français. 3) la loyauté sans faille des Américains. 4) l'incomparable courage des Anglais.

La France perfide ! "Avec de tels alliés, qui a besoin d'ennemis ?" : comme une vieille complainte, la question revient constamment au moment du psychodrame onusien sur l'Irak. Plus souvent qu'à leur tour, les journalistes et les éditorialistes recourent à la métaphore très parlante du coup de poignard dans le dos : "La France a enfoncé son couteau dans Tony Blair et Georges Bush et a bien remué la lame. Chirac a montré qu'il déteste l'Amérique et qu'il méprise la Grande-Bretagne" (Le *Sun*, 21 mars 2003). "Le pire 'ami' est celui qui vous poignarde en face. *Oui, c'est la France encore* (en français). Juste quand Tony avait besoin que nos voisins se comportent en bons amis, il a couru vers Chirac au sommet de sa traîtrise. En temps de guerre, le naturel hypocrite des singes capitulards mangeurs de fromage reprend le dessus" (*Daily Express*, le 14 mars 2003). L'accusation de "perfidie" n'est pas nouvelle : tout au long de leur histoire tumultueuse, la France et l'Angleterre n'ont cessé de s'accuser mutuellement de manquer à leur parole et de trahir des traités dont l'encre n'avait pas encore eu le temps de sécher. L'affaire irakienne permet aux tabloïds de ressortir des tiroirs ce reproche multiséculaire.

La France ingrate ! "Monstrueuse ingratitude" : en une du *Daily Mail*,[(2)] ce titre barre une large photo de troupes américaines débarquant sur les plages de Normandie. La guerre en Irak se précise : la France, l'Allemagne et la Belgique ("l'axe des ingrats") viennent de voter contre un renforcement des troupes de l'Otan à la frontière turco-irakienne au motif qu'un tel geste signifierait la fin du processus diplomatique. La presse anglaise a cette fois dans son viseur deux pays qu'elle adore détester : la France et l'Allemagne (la Belgique étant dédaigneusement reléguée au rang de "fabricants de chocolat"). "Quelle mémoire odieusement courte ont les Français et les Allemands !" tempête le *Daily Mail*. "L'Amérique a versé son sang et une fortune incalculable pour défendre l'Europe. Des millions de Français ordinaires ont accueilli les troupes américaines comme les libérateurs du nazisme. C'est l'Amérique qui a ressuscité l'Allemagne et qui l'a ensuite protégée contre une machine de guerre soviétique de plus en plus agressive". Dans un style encore plus direct le *Sun* raffraîchit la mémoire de ces Français amnésiques :

(2) Le *Daily Mail*, 11 février 2003.

Le mauvais goût
au service de la mauvaise foi

"Nous, Britanniques, pensons que vous Français avez oublié ce que vous devez aux autres nations, et en particulier aux Etats-Unis et au Royaume-Uni, qui vinrent à votre aide au cours de deux guerres mondiales. Vous n'étiez que trop heureux d'accueillir les Américains quand la France était écrasée sous la botte d'Hitler. Mais aujourd'hui vous regardez les Américains et leur président de haut, et vous oubliez combien de soldats, de pilotes, de marins américains et britanniques donnèrent leur vie, comme on peut le voir dans les cimetières militaires de France, pour la liberté de votre pays".[3]

Les Français seraient donc d'ignobles ingrats oublieux de la dette de sang qu'ils ont envers les Etats-Unis et l'Angleterre. Les tabloïds confondent là un peu vite devoir de reconnaissance et aveuglement inepte. La France aurait-elle l'obligation de soutenir l'Amérique dans chacune de ses initiatives aventureuses - guerre du Vietnam et invasion de la Baie des Cochons incluses - en mémoire des GI's tombés sur les plages de Normandie ? De la même façon, les Etats-Unis auraient-ils dû soutenir la France en Algérie sous prétexte que La Fayette avait aidé l'Amérique à se débarrasser de l'occupant anglais ? Tout ceci ne fait

(3) Édition spéciale du *Sun* en français, 20 février 2003.

77

pas grand sens, mais après tout la presse tabloïde n'est pas là pour être "sensée" mais plutôt pour être "sensationnelle".

La France égoïste ! La prétendue patrie des droits de l'homme serait donc prête à sauver la peau d'un tyran sanguinaire pour défendre ses minables mais juteux intérêts en Irak ? "Mr Chirac a un objectif : la gloire et la prospérité de la France. Des milliards de francs (sic) en terme d'investissements étrangers vont être versés dans la reconstruction d'une économie post-Saddam. Le pétrole va recommencer à affluer librement. La France veut sa part de tout cela" écrit le *Sun* dans une démonstration pour le moins biscornue (comment espérer avoir sa part du gâteau si l'on refuse de se ranger dans le camp des futurs vainqueurs ?) "Peut-être ne devrions-nous pas être surpris par l'attitude de Jacques Chirac" surenchérit le *Daily Express*. "Le passé de la France à l'étranger a été caractérisé par l'égoïsme le plus dépouillé. Ils préfèreraient bâtir des liens commerciaux avec Saddam, malgré ses consternantes violations des droits de l'homme et sa réserve secrète d'armes chimiques et biologiques plutôt que de garantir la suppression une fois pour toutes de la menace qu'il pose à la paix mondiale".

Ce raisonnement fallacieux des "intérêts cachés" est rabâché à longueur d'articles, élevant l'argument au rang de vérité indiscutable par la grâce de la répétition. Les tabloïds n'ont d'ailleurs pas le monopole de la francophobie. Quand l'occasion se présente, certains journaux réputés sérieux, comme le *Daily Telegraph* ou le *Times*, se laissent également prendre au jeu des attaques anti-françaises. "La crise irakienne a relâché le flot entier de l'animosité française envers le monde anglo-saxon" écrit le *Telegraph*. Constat pour le moins bizarre : l'animosité anglo-saxone contre la France semble alors plus visible. Ce n'est ni l'Amérique ni l'Angleterre qui se retrouvent traînées dans la boue par une presse tabloïde totalement déchaînée. Ce n'est pas non plus la France qui parle de "punir" les Etats-Unis et la Grande-Bretagne mais bien l'inverse.

Une France capitularde, perfide, ingrate et égoïste... Le tableau n'est guère flatteur. Mais après tout, il n'y a là rien de bien nouveau sous le ciel gris de Fleet Street, le quartier londonien de la presse. La France a toujours été le punching-ball favori des tabloïds. Seule l'Europe de Bruxelles parvient à inspirer aux journaux anglais des lignes aussi fielleuses. Et encore Paris et Bruxelles se retrouvent-ils généralement dans le même bain : les figures honnies de Jacques Delors, François Mitterrand,

Jacques Chirac et Valéry Giscard d'Estaing symbolisent à leurs yeux l'horreur fédéraliste qui menace l'Union Jack, la Reine d'Angleterre, la conduite à gauche et les bus à impériale.

Peu de temps avant la crise irakienne, la presse anglaise reprochait déjà à la France ses péchés traditionnels : duplicité, perfidie et égoïsme. Des dossiers bilatéraux brûlants tels que l'embargo sur le boeuf britannique ou l'affaire des réfugiés de Sangatte avaient enflammé la presse anglaise. "N'y a-t-il aucune limite au mépris cynique de la France vis-à-vis du problème des demandeurs d'asile dans ce pays ?" interrogeait ainsi le *Daily Mail* au plus fort des tensions sur ce centre de demandeurs d'asile qui devait finalement fermer le 31 décembre 2002. "Il est clair que les Français sont cyniquement déterminés à échapper à leurs obligations internationales sur la question de l'asile, préférant au lieu de cela encourager et aider les immigrants à traverser la Manche illégalement" constatait de son côté le *Daily Express*. A longueur d'articles, le gouvernement français est ainsi accusé de créer des avant-postes dans le nord de la France pour permettre aux réfugiés d'atteindre les côtes anglaises. En clair, ce voisin déloyal ferait tout pour se débarrasser du problème, laissant le soin aux Anglais d'accueillir toute la misère du monde.

A cette époque-là, la marée-chaussée française ne donne pas, il est vrai, l'impression de faire dans l'excès de zèle. Mais comment soutenir que la question des demandeurs d'asile n'est qu'un problème franco-français ? Si les réfugiés se regroupent dans le Nord-Pas de Calais, région peu réputée pour sa douceur de vivre, il y a certainement là une explication... A tort ou à raison, la Grande-Bretagne est considérée par les candidats à l'exil comme une sorte d'Eldorado. Et dans une certaine mesure, la France serait en droit de renverser l'équation en se demandant si "le problème franco-français" n'est pas avant tout un "problème anglo-anglais".

Même quand on croit que l'heure de l'Entente cordiale a enfin sonné, les tabloïds ne peuvent s'empêcher de décocher quelques flèches venimeuses en direction de la France. Au lendemain du premier jour de la visite d'Etat d'Elisabeth II, le 5 avril 2004, les gazettes anglaises ne s'attardent guère sur les propos conciliants de la Reine appelant - de sa voix précieuse et légèrement suraigüe - les deux pays à dépasser leurs divisions sur la question irakienne. Les journaux du royaume sont trop occupés à pointer les bourdes supposées du protocole républicain. Le choix de la place de la Concorde - endroit où roulèrent les têtes royales de Louis XVI et de

Marie-Antoinette - est inévitablement considéré comme une insulte à l'égard de la monarchie britannique. Le couple présidentiel en prend pour son grade : Bernadette Chirac pour avoir eu l'inconvenance de se vêtir dans les mêmes tons que Sa Grâcieuse Majesté (tout de blanc vêtue la première Dame de France sera comparée à une assistante dentaire), Jacques Chirac pour avoir eu l'incroyable "culot" d'effleurer les épaules royales (le protocole interdit en théorie tout contact avec le souverain britannique en-dehors d'une rituelle poignée de main). En commettant ce crime de lèse-majesté notre président trop tactile aurait pu "faire plus de dégâts que Waterloo ou la guerre en Irak". Bien entendu, durant ce séjour royal en terre républicaine, les Français "ont pris une leçon de style" et étaient "verts" de jalousie en voyant la reine "évoluer avec tant d'élégance et d'assurance". En faisant mine de s'offusquer des prétendues mauvaises manières faites à leur souveraine, les tabloïds ne craignent pas de se montrer plus royalistes que la Reine : la très francophile Elisabeth II aura en effet semblé apprécier sa quatrième visite d'Etat en France, de bout en bout, sans paraître dérangée le moins du monde par la très "touchante" cordialité de Jacques Chirac.

Pourquoi tant de haine ? Pourquoi ce "traitement de faveur" au moindre couac diplomatique ou désaccord commercial entre la France et l'Angleterre ? Aucun autre pays européen (y compris l'Allemagne qui reçoit également son quota d'articles xénophobes) ne paraît inspirer autant de lignes fielleuses. De façon assez compréhensible, les tabloïds n'aiment guère se justifier sur leurs attaques xénophobes. Habilement, ils évoquent un droit à l'humour (que les étrangers auraient parfois du mal à comprendre) ou choisissent plus souvent le silence. Ce mutisme sur leurs motivations tranche avec les unes tapageuses que ces journaux adorent imprimer. Faut-il y voir la marque d'une certaine gêne par rapport aux propos offensants qu'ils osent écrire ? Ou bien, au contraire, du haut de leur puissance, les tabloïds considèrent-ils qu'ils n'ont pas à se justifier ? En d'autres termes, ce redoutable "quatrième pouvoir" serait-il totalement irresponsable (dans tous les sens du terme) ?

Notons que le phénomène "tabloïd" n'existe pas en France, d'où une certaine curiosité teintée d'amusement pour cette presse qui ne respecte rien. Les quotidiens populaires français n'ont ni la puissance de feu ni le goût du scandale qui sont la marque de fabrique de leurs homologues anglais. En clair, ils ne jouent pas dans la même catégorie. Imagine-t-on *Le Parisien* ou *France-Soir* titrant :

"Ces sales rosbifs encore à plat ventre devant les Ricains" ou "Tony Blair, la pute de luxe de George Bush" ? En Angleterre, ce type de manchettes est non seulement imaginable mais plutôt fréquent.

L'outrance fait vendre du papier bien sûr, elle permet aussi de véhiculer une idéologie "à coups de pied dans les couilles". Car les barons de la presse qui se cachent derrière les titres xénophobes et les *pin-ups* aux seins nus suivent une ligne politique clairement tracée. Le plus célèbre d'entre eux est bien sûr, comme nous l'avons déjà vu, Rupert Murdoch. A la tête d'un empire de dimension mondiale (News Corporation), le *tycoon* ne cache pas ses sympathies républicaines aux Etats-Unis, ses convictions ultra-conservatrices et son dégoût pour l'Union Européenne. Sans surprise, le *New York Post* et la chaîne d'informations continues *Fox News* (propriétés de Murdoch) ont été, outre-Atlantique, les plus virulents dans leurs attaques anti-françaises. En Angleterre, les titres de l'empire News Corp ont suivi cette même ligne éditoriale fixée par le "Big Boss" singeant sans honte la rhétorique anti-française "made in USA" : les mêmes photos, les mêmes argumentations, les mêmes plaisanteries lourdaudes... Par un hasard extraordinaire, les 175 titres détenus à travers le monde par Rupert Murdoch ont tous soutenu la guerre en Irak, sans une seule exception : une vraie caricature de la globalisation de la presse !

Il est d'ailleurs toujours surprenant de voir à quel point l'Angleterre, d'ordinaire si fière de penser et d'agir différemment du reste du monde, se laisse docilement imposer ses vues quand celles-ci sont importées d'Amérique. Quand le *Sun*, le *News of the World* et, à un moindre degré, le *Times* et le *Sunday Times* jouent fièrement leur partition patriotique, c'est un Américain qui donne le tempo. Rupert Murdoch est devenu citoyen américain en 1985, histoire de lever tous les obstacles à une extension de son empire aux Etats-Unis. Ceci n'empêche pourtant pas cet homme qui a jeté son passeport australien à la poubelle, tel un vulgaire kleenex, d'exhorter les Britanniques à lutter férocement pour défendre leur souveraineté nationale dangereusement menacée par la pieuvre européenne.

Rupert Murdoch n'est pas le seul sur le marché de la presse "euro-francophobe". Quand un quotidien sérieux tel que le *Daily Telegraph* cloue l'Europe au pilori et porte au pinacle l'Amérique de George Bush, c'est un Canadien anglophone, le "mini-Murdoch" Conrad Black qui tire les ficelles (ou plutôt : tirait les ficelles... le baron de la presse a récemment été contraint de démissionner de son groupe Hollinger International Inc. après une sombre affaire de détournements de fonds). Citoyen britannique de fraîche date, ce lord milite ouvertement pour un rattachement de la Grande-Bretagne à l'Alena, l'accord de libre-échange américain. Cette haine viscérale de l'Europe étalée quotidiennement dans ces journaux ne tient pas uniquement à la foi atlantiste de leurs propriétaires. Toujours soucieux de ses intérêts sonnants et trébuchants, Rupert Murdoch voit Bruxelles d'un très mauvais oeil : les directives sociales européennes, les règlementations anti-trust, les tentatives d'harmonisation fiscale sont autant de menaces pour les activités britanniques florissantes du papivore milliardaire. Mais bien sûr, les gazettes de News Corp se gardent bien d'exposer d'aussi triviales préoccupations préférant attaquer sans relâche la bureaucratie bruxelloise contemptrice des libertés britanniques.

Dans cet effort concerté pour discréditer l'Union Européenne, la France occupe fatalement une place de choix. Première raison : Paris a été au coeur de la construction européenne et continue d'être l'un des principaux moteurs de l'Europe incarnant ce monstre *fédéraste* honni par les titres de la presse europhobe. Deuxième pêché capital : le supposé anti-américanisme primaire des Français. Car la presse populaire anglaise (à l'exception du *Daily Mirror* autrefois propriété de l'escroc Robert Maxwell) combine - sans crainte du paradoxe - un nationalisme obtus avec un atlantisme primaire. Enfin, le voisin français a l'immense avantage d'être une cible familière et facilement identifiable : l'hégémonisme gaulois est régulièrement représenté sous les traits de *Boney*, le petit nom que les Anglais donnent à Napoléon Bonaparte. Les tabloïds ont ainsi en stock un inépuisable répertoire de subtiles plaisanteries et de préjugés anti-français qu'il serait criminel de ne pas imprimer. A en croire la presse anglaise, les lâches mangeurs d'ail que nous sommes ont une hygiène douteuse, un besoin compulsif de sexe et un ego surdimensionné. Ces prétendues caractéristiques hexagonales inspirent les plaisanteries les plus fines et permettent de distiller une xénophobie ordinaire dans l'esprit des lecteurs.

Le lobby atlantiste est puissant dans la presse anglaise même dans des journaux qui n'entretiennent pas de liens "filiaux" avec l'Amérique. Le très à droite et très influent *Daily Mail* est aux mains d'un vicomte bien anglais. Le *Daily Express* est lui dirigé par un baron... de l'industrie porno bien britannique. Ceci n'empêche pas ces deux quotidiens de jouer la même partition : atlantisme aveugle et europhobie épidermique. S'il existe des journaux tels que le *Guardian*, l'*Independent* et le *Daily Mirror* aux sympathies européennes clairement affichées, ils n'ont certainement pas une puissance de feu comparable au rouleau compresseur europhobe. Quand vous l'interrogez sur la timidité de son gouvernement par rapport à la monnaie unique, le très europhile (et francophile) Denis Mac Shane, ministre chargé des Affaires européennes, vous assène un argument de poids : "Imaginez qu'en France, *Le Figaro*, *Le Monde*, *Libération*, *Le Parisien*, *Ouest-France*, *L'Express* soient tous rangés sous la bannière anti-euro... bon courage pour convaincre l'opinion publique !"

Dans le fond, faut-il prendre au sérieux les croisades anti-françaises régulièrement lancées par les tabloïds anglais ? A priori, on serait tenter de répondre par la négative. Malgré tous les efforts de la presse de caniveau pour flatter les bas instincts, la mayonnaise "anti-frogs" a refusé de prendre durant l'épisode irakien (rien de comparable en tout cas au vent d'hystérie anti-française qui a balayé les Etats-Unis). Dans un autre registre, les appels à boycotter les produits "made in France" après le maintien de l'embargo français sur le boeuf britannique n'ont pas fait trembler d'un chouia la balance commerciale française. La campagne du *Sun* pour dire à Jacques Delors, alors président de la Commission européenne, "d'aller se faire voir" s'était à l'époque soldée par un flop magistral. Tout se passe comme si les lecteurs de ces quotidiens se montraient bien plus raisonnables que leurs éditeurs. Habitués aux outrances de leur presse, les Britanniques savent généralement adopter une lecture au second degré : le tabloïd se lit un peu pour s'informer, beaucoup pour se distraire (seins nus en prime).

La "gutter press" qui s'auto-proclame porte-parole de l'Angleterre profonde (c'est pour cette raison que ces journaux sont dirigés par un *Citizen Kane* australo-américain, un magnat d'origine canadienne et un vicomte anglais) aime exagérer son importance. Par définition, il n'est pas difficile de faire parler les masses silencieuses, une facilité devant laquelle le *Sun* ne recule jamais. "Au nom de nos dix millions de lecteurs, nous vous demandons aujourd'hui : 'N'avez-vous pas honte de votre président ?'" demande ainsi le tabloïd anglais au bon peuple de France espérant lui faire monter le rouge au front. Et bien sûr, si quelqu'un ose s'élever contre les injures proférées par le *Sun* ou un titre équivalent, ce n'est pas le journal mais ses millions de lecteurs (si ce n'est pas 60 millions de Britanniques) que l'on insulte.

La presse tabloïde fonctionne à coups d'auto-suggestions : quand les lecteurs apprennent dans leur journal favori qu'ils sont des millions à être "écoeurés par la position de la France", ils peuvent à la longue finir par trouver la position de la France "écoeurante" (d'autant plus qu'un "sondage express" vient souvent conforter l'opinion de la *vox populi*). Car, s'il convient de ne pas exagérer le panurgisme du lectorat des tabloïds, il ne faut pas non plus surestimer sa capacité à faire la part des choses. Inutile d'insister sur le profil sociologique du lecteur des tabloïds, il ne correspond pas précisément à celui de l'universitaire oxfordien passant ses vacances dans un vieux manoir de Dordogne. Le "white van man", surnom que le *Sun* donne à son lecteur type, n'a souvent qu'une connaissance très approximative de la France.

L' ignorance étant le meilleur allié des tabloïds, ces derniers en profitent pour véhiculer toutes sortes d'images négatives de l'Europe en général, et de la France en particulier. L'europhobie des Britanniques se nourrit de leur époustouflante ignorance sur la construction européenne. Les deux vont de pair : les Anglais sont à la fois les moins bien informés et les plus hostiles à l'idée européenne. En grande partie responsables de cette situation, les tabloïds n'ont aucun mal à distiller une europhobie ordinaire pimentée des mythes les plus fantaisistes (la future Constitution européenne menacerait le droit de veto britannique à l'ONU, la couronne des Windsor et... la conduite à gauche).

Malheureusement pour les propagandistes de la "little England", les Anglais sont de plus en plus nombreux à voyager en masse sur le continent. La presse anglaise est bien obligée de s'adapter à cette nouvelle donne trahissant dans ses colonnes une ligne éditoriale quasi-schizophrène. Un étrange dédoublement de la personnalité observé par le journaliste Philippe Le Corre dans son livre *Tony Blair, les rendez-vous manqués* (Autrement, 2004) : "Bien connues pour ses diatribes anti-européennes, la presse anglaise ne craint pas les contradictions. Les tabloïds, en particulier, n'hésitent pas à employer les pires insultes à l'égard des pays et des institutions européennes qui ne partagent pas leurs idées. Mais dans un quotidien comme *The Daily Mail*, parmi les plus réactionnaires d'Europe, il n'est pas rare de découvrir dans un même numéro un éditorial anti-français et un dossier 'spécial France', une salve contre la monnaie européenne et un jeu permettant de gagner un séjour pour deux personnes en Grèce".

Le *Daily Mail* et d'autres journaux rétorqueront bien sûr qu'il est tout à fait possible d'être "en Europe sans être dirigé par l'Europe" selon la formule favorite de l'ancien chef des Conservateurs britanniques William Hague. Néanmoins, ces journaux donnent clairement l'impression de vouloir "le beurre et l'argent du beurre", autrement dit : les avantages que procure l'Europe sans les contraintes. Le tunnel sous la Manche et les compagnies aériennes "low cost" (Ryanair et Easyjet essentiellement) ont mis la France, la Belgique, l'Allemagne, l'Espagne, l'Italie, la Grèce à portée de toutes les bourses. Dopé par la croissance économique et la force de la livre sterling, le tourisme de masse vers le continent a explosé depuis le milieu des années 90. Cette ouverture sur le reste de l'Europe pourrait-il amener les Anglais à jeter un regard plus critique sur les constats peu amènes de leur presse europhobe ? Après tout, les millions de visiteurs britanniques finiront peut-être par découvrir que cette Europe si violemment vilipendée à longueur de colonnes ne correspond pas toujours, loin s'en faut, à la réalité décrite dans leur quotidien favori.

Pour l'heure, la presse tabloïde garde ce formidable pouvoir de "formatage" des esprits. C'est pour cette raison que les dirigeants britanniques la prennent très au sérieux, peut-être un peu trop dans le cas de Tony Blair. Ne doutant jamais de son influence, le *Sun* aime à penser que le Premier ministre lui doit - peu ou prou - son accession au pouvoir quand, selon l'expression du maire de Londres Ken Livingstone, "un âne avec la cocarde travailliste" aurait été élu dans un fauteuil face à John Major en 1997. Obsédé par la communication, le New Labour semble s'être auto-convaincu que la victoire dans les urnes passe obligatoirement par une conquête des médias et en particulier par une alliance tacite avec le groupe Murdoch. Sous l'ère Campbell, lui-même un ancien journaliste de tabloïd, le 10 Downing Street n'a eu de cesse de chouchouter les journaux de News Corporation pour entretenir ce pacte de non-agression. Le *Sun*, en particulier, s'est vu régulièrement livrer les meilleurs scoops gouvernementaux sur un plateau. Tony Blair a parfaitement intégré le facteur "tabloïd" dans sa conduite des affaires au point d'être fréquemment accusé de suivre l'agenda fixé par la presse de caniveau.

Si le Premier ministre n'a aucune chance d'arracher le soutien du *Sun* pour "vendre" aux Britanniques la monnaie unique, il est parvenu à trouver un (fragile) modus vivendi avec le quotidien de Rupert Murdoch sur d'autres thèmes : sécurité, immigration, économie, relations internationales. Dans le cas précis de l'affaire irakienne, cette alliance contre nature entre un gouvernement travailliste et une presse aux ordres d'un milliardaire ultra-conservateur a permis de retourner l'opinion au moment de l'entrée en guerre. Les relents patriotiques exhalant de la presse tabloïde ont fini par créer le climat propice à un ralliement du pays derrière les "boys" engagés dans le Golfe.

Avant le déclenchement des hostilités, Tony Blair et les tabloïds avaient joint leurs efforts pour discréditer la France, accusée de lâcheté et de perfidie. Durant cet épisode peu glorieux, pas une seule fois Downing Street n'aura trahi le moindre malaise face à l'outrancière campagne anti-française lancée par la "gutter press". Bien au contraire, après la chute du régime irakien, le plus virulent de ces journaux se trouvait récompensé par le *Number 10* pour ses bons et loyaux services. C'est le *Sun* qui décrochait ainsi les premières confessions d'après-guerre du Premier ministre britannique (Tony Blair offrant au journal un joli scoop sur sa démission un moment envisagée avant le vote crucial sur l'Irak au Parlement). Le renvoi d'ascenceur ne se fera guère attendre : durant l'affaire Kelly, les journaux de Rupert Murdoch prennent fait et cause pour le Premier ministre crachant leur venin sur la BBC et exonérant le gouvernement de la moindre responsabilité dans cette saga digne d'un roman de John le Carré. Que la courte-échelle vienne régulièrement d'un allié aussi peu recommandable ne semble pas perturber Tony Blair outre-mesure. Après tout, selon la pensée politique de Nicolas Machiavel, la fin ne justifie-t-elle pas les moyens ?

Chapitre 3

De la blairmania à la blairophobie

"Plus vite le singe monte à l'arbre,
plus vite il montre ses fesses."
(proverbe africain)

Au petit matin du 2 mai 1997, la France regarde avec des yeux de Chimène un jeune Premier ministre franchir triomphalement les grilles de Downing Street sous un soleil londonien radieux. Porté au pouvoir par un raz de marée électoral, Tony Blair vient de tourner la page de dix-huit années de conservatisme. Oubliés les coups de sac à main de la Dame de fer, balayées les tergiversations du pauvre John Major "le monsieur gris" de la politique britannique... un vent de modernité souffle sur la Grande-Bretagne. D'un coup de baguette magique, le "old" devient "new", l'Angleterre devient "cool". C'est l'heure de gloire du "New Labour" et de la "Cool Britannia". Après Bill Clinton et son saxo,

Tony Blair et sa guitare s'installent au pouvoir. Cinq ans après les Etats-Unis, la Grande-Bretagne s'offre à son tour un petit coup de jeune.

Les Britanniques ne sont pas les seuls à succomber à l'offensive de charme de "Bamby", surnom un peu ridicule alors populaire dans la presse tabloïde. L'Europe entière applaudit à tout rompre la victoire de l'artiste. Dans ce concert de louanges, la France se fait la plus tapageuse. Et pour cause, au même moment se joue l'élection législative post-dissolution. Chacun veut s'approprier un bout de la nouvelle icône. Les socialistes français accueillent la victoire de Tony Blair comme le triomphe de l'un des leurs espèrant bien un effet domino. La droite cherche à détourner en sa faveur le triomphe de l'apôtre de "la troisième voie". La victoire du New Labour ne marque-t-elle pas le succès d'une gauche libérale, moderne et modérée, une gauche qui mériterait d'être de droite ? Autrement dit, le jospinisme ne serait-il pas très précisément le blairisme en négatif ?

L'argument ne suffira pas à convaincre les Français. Un mois plus tard, Lionel Jospin franchit les grilles de Matignon, certes un peu plus modestement que son homologue anglais. Il ne joue pas de la guitare, ni du saxo. Il n'a pas vraiment de surnom ridicule qui pourrait le rendre plus sympathique. Contrairement à Tony Blair, il ne sait pas sourire sur commande. Pourtant, les Français semblent apprécier son côté pasteur suédois. Justement, c'est à Malmoë, en juin 1997, que les deux grands vainqueurs se retrouvent pour une grande réunion de famille des partis socialistes européens.

L'heure est aux effusions de joie : une vague rose est en train de submerger l'Europe. Tony Blair et Lionel Jospin savent qu'ils ont cinq ans devant eux pour tisser des liens étroits. Jamais sous la Vème République, un Premier ministre socialiste et un Premier ministre travailliste n'ont occupé simultanément Matignon et le 10 Downing Street. Pourtant, la rencontre de Malmoë laisse déjà présager des difficultés à venir entre les deux hommes. L'alchimie personnelle entre Tony et Lionel peine à crever l'écran. Jospin maîtrise l'anglais, Blair se débrouille en français, mais les deux leaders ne parlent pas le même language. L'apôtre de la "third way"[1] proscrit dans ses discours le terme "socialisme" lui substituant

(1) Pensée politique formalisée par Anthony Giddens, l'ancien directeur de la London School of Economics, dans son livre *La troisième voie. Le renouveau de la social-démocratie*, Paris, Le Seuil, 2002.

l'expression plus *soft* de "social-démocratie". Le mot "gauche" ne sort jamais de sa bouche sans être devancé du préfixe "centre". Avec trois ministres communistes dans son gouvernement, le Premier ministre français, lui, n'a pas de telles pudeurs socialo-libérales. Il ose promettre une semaine de 35 heures imposée aux entreprises privées et des emplois jeunes créés par l'Etat. Sur les rives suédoises de Malmoë, dans un anonyme Palais des Congrès, la rivalité entre "New Labour" et "Old PS" a déjà commencé.

Le 24 mars 1998, Tony Blair expose sa vision de "la troisième voie" devant l'Assemblée nationale répondant en cela à l'invitation du (déjà) blairiste Laurent Fabius. Tony Blair est un séducteur. D'entrée de jeu, il charme l'hémicycle en prononçant intégralement son discours en français : "Il y a vingt-deux ans, à Paris, j'ai été commis de bar. Je le suis resté dix semaines. Maintenant, je suis Premier ministre de la Grande-Bretagne, depuis dix mois. J'ai fait des progrès, je crois. Quand j'ai travaillé dans ce bar, Jacques Chirac était Premier ministre. Lui aussi a fait des progrès ! Mais un peu moins vite que moi ! Dans ce bar, il y avait un pot commun. On m'a dit qu'il fallait impérativement y mettre tous les pourboires. Au bout de deux mois, j'ai découvert que j'étais le seul à le faire ! C'était ma première leçon de

socialisme appliqué !" Sur les bancs de droite on
s'esclaffe. A gauche les rires sont un peu plus crispés.

Cet étrange animal politique qui s'ingénie à
brouiller les frontières politiques indispose la gauche
traditionnelle et séduit la droite libérale : "La gestion
de l'économie n'est ni de gauche, ni de droite : elle
est bonne ou mauvaise. C'est cela la 'troisième voie':
ni le laisser-faire, ni l'étatisme rigide, mais une
participation active au progrès. Il n'y a pas de pré-
conditions idéologiques, pas de veto préalable sur
ces moyens. Ce qui compte, c'est ce qui marche"
martèle-t-il sous la voûte du Palais Bourbon. Du pain
béni pour l'opposition qui ne manque pas d'encenser
ce Blair si moderne et pragmatique comparé à notre
Jospin national, si archaïque et doctrinaire. Pendant
cinq ans, ce sera une arme constante de la droite :
mettre en avant l'exemple Blair pour mieux
ringardiser Jospin. Comprenez, après ça, l'irritation
du Premier ministre socialiste à chaque évocation de
son "ami" Tony. Sur la défensive, Jospin devra
inlassablement répéter que le modèle blairiste n'est
pas partout applicable contrairement à ce que
voudrait faire croire le donneur de leçons du 10
Downing Street. "La France et la Grande-Bretagne
possèdent des histoires politiques différentes qui
influencent leur vision de la social-démocratie"

affirme un Premier ministre français qui peine à tomber sous le charme de la "troisième voie" si chère à Tony Blair et à Bill Clinton. Le fossé idéologique entre les chefs du gouvernement français et britannique est pourtant moins large qu'il n'y paraît. Du moins, à en croire l'aile gauche du PS, le PCF, les Verts et les Trotskystes qui accusent le Premier ministre français de se "blairiser".

Si Lionel Jospin se "blairise", ça ne se voit guère dans son style. Tony Blair est un surdoué de la communication : il crève l'écran avec son sourire, son sens de la formule, ses traits d'humour et son côté proche du peuple... Lionel Jospin n'a pas les mêmes talents télévisuels : ses interventions sont souvent laborieuses, ternes et emberlificotées. S'il est jugé intègre et sérieux, on le trouve généralement rigide et distant. Tony Blair fait penser à son mentor Bill Clinton, Lionel Jospin évoquerait plutôt Al Gore. Mais le chef du gouvernement socialiste n'est pas le seul à souffrir de la comparaison. Dans une France où les générations d'hommes politiques - de préférence des énarques - se renouvellent au rythme de la fonte des glaces, la fraîcheur du style Blair suscite curiosité et admiration. Le second raz-de-marée du New Labour, en juin 2001, ne vient-il pas de prouver que le blairisme est une formidable machine électorale ? Qu'ils s'appellent Strauss-

Khan, Fabius, Madelin ou Bayrou, ils rêvent tous de devenir le "Blair français". Ils devront encore attendre... Le 5 mai 2002, à l'issue d'un duel Chirac-Le Pen inédit (deux candidats qui ont tout de même quatre élections présidentielles au compteur) les électeurs reconduisent à l'Elysée un homme qui était déjà Premier ministre en 1974. A cette époque, Tony Blair n'était encore qu'un garçon de café se faisant rouler sur les pourboires dans un hôtel parisien.

A l'automne 1998, l'élection de Gerhard Schröder attise la rivalité déjà latente entre Tony Blair et Lionel Jospin. Les deux hommes courtisent le nouveau Chancelier allemand. Social-démocrate d'un rose plutôt pâle, le nouvel homme fort de Berlin succombe tout naturellement aux sirènes social-libérales de Tony Blair. Le 8 juin 1999, les deux dirigeants se retrouvent à Londres pour lancer en fanfare un manifeste exposant leur grande vision d'une Europe moderne. Le document est un hymne à "la troisième voie", cette social-démocratie à l'anglo-saxone que certains hésitent encore à qualifier de gauche. Le soir même une dépêche de l'AFP résume ainsi la rencontre Blair-Schröder : "La troisième voie anglo-allemande met au rancart la gauche traditionnelle". Autrement dit, Lionel Jospin, dont l'absence n'a échappé à personne, est tenu à l'écart du manifeste social-libéral anglo-allemand.

Une fois encore, l'ancien Trotskyste français se retrouve superbement ringardisé par son "ami" Tony. Non seulement, Blair entend prendre le contrôle de la famille "socialiste" européenne pour y imprimer de nouvelles valeurs dépouillées de ses oripeaux socialo-marxistes mais en plus, il ouvre un nouvel axe "Londres-Berlin" qui rivalise avec le couple franco-allemand. Lionel Jospin ne devra pas attendre plus de cinq jours avant de savourer sa revanche. Le 13 juin 1999, les élections européennes envoient au tapis le New Labour de Tony Blair et le "Neue SPD" de Gerhard Schröder. Le "vieux PS" de Lionel Jospin remporte, lui, l'élection haut la main. Mais trois ans plus tard, le Premier ministre français sera le seul du trio à goûter aux fruits amers de la défaite. Son départ ne donnera pas lieu à de grandes scènes de tristesse au 10 Downing Street.

On considère généralement que l'appartenance à une même famille de pensée est un facteur déterminant pour une Entente cordiale entre les gouvernements. C'est ignorer deux données essentielles : l'alchimie personnelle entre les grands de ce monde et surtout les intérêts nationaux. La règle de l'empathie "idéologique" est ainsi souvent prise en défaut. Les rapports entre le socialiste européen François Mitterrand et l'atlantiste ultralibérale Margaret Thatcher étaient (sans être bien sûr chaleureux) bien moins exécrables qu'on a bien voulu le dire. La Dame de Fer n'a jamais oublié, comme elle l'a écrit dans ses Mémoires [2] "le soutien loyal"du président français lors de la guerre des Malouines.

Entre 1986 et 1998, les rapports avec Jacques Chirac - pourtant converti au reagano-thatchérisme alors en vogue - ont été bien plus heurtés, en raison notamment de désaccords profonds sur la Politique Agricole Commune. Lors d'un sommet européen particulièrement tendu à Bruxelles en 1988, Jacques Chirac exprima son irritation face aux exigences de Margaret Thatcher en des termes si crus que l'interprète évita prudemment de traduire les propos du Premier ministre français. Quinze années plus tard, Lord Powell, le secrétaire privé de Maggie (de 1983 à 1990)[3] se refusait toujours à répéter les propos chiraquiens, se bornant à faire remarquer que le président français n'était pas idéalement placé pour reprocher à Tony Blair d'avoir été "très mal élevé" lors du clash anglo-français sur la Politique

(2) Margaret Thatcher, *10 Downing Street. Mémoires*, Paris, Albin Michel, 1993.
(3) Septembre 2003, interview dans un documentaire télévisé de la BBC sur les relations franco-britanniques : "With friends like these : Affairs with the French".

Agricole Commune en octobre 2003 ("Cela m'en touche une sans faire bouger l'autre" est la réplique un rien grivoise que l'on prête à un Jacques Chirac qui ne se référait visiblement pas à ses molaires du fond). Dans son style si caractéristique, la Dame de fer écrira plus tard dans ses mémoires : "En plus d'une occasion, j'eus à faire comprendre que je n'étais pas femme à me laisser bousculer par un bulldozer".

Si la petite histoire n'a pas retenu d'échanges aussi délicieusement orageux entre Tony Blair et Lionel Jospin, leurs rapports étaient incontestablement marqués par un manque de chaleur. Dans sa biographie autorisée de Tony Blair, Philip Stephens [4], résume ainsi la relation entre les deux hommes : "Lionel Jospin n'a jamais vraiment pu comprendre comment un politicien de centre-gauche pouvait être aussi désireux de devenir l'ami de ceux qui se situaient à l'autre bout du spectre politique (...) Le professoral Lionel Jospin, un homme politique pas vraiment impressionné par les prétentions de Blair à réinventer le centre-gauche, voyait son homologue britannique comme, quelque part, un parvenu, un maître de la présentation mais pas un intellectuel".

(4) Philip Stephens, *Tony Blair, The Making of a World Leader*, op. cit.

Au bout du compte, la supposée proximité politique des deux leaders les a finalement éloignés plutôt que rapprocher l'un de l'autre en plaçant leurs rapports sous le signe de la compétition. L'appartenance à la même "famille politique" n'a été d'aucun secours lorsqu'il s'est agi de surmonter des désaccords bilatéraux assez fréquents entre la France et la Grande-Bretagne durant les "quinquennats" de Blair et de Jospin. Pendant cette période, trois dossiers en particulier ont empoisonné les relations entre les deux gouvernements supposés "amis" : l'embargo sur le boeuf britannique, le protocole de Kyoto et le centre des réfugiés de Sangatte. Sur ces trois questions épineuses, les intérêts nationaux ont balayé l'hypothétique connivence idéologique. Revenons sur les trois feuilletons de cette brouille franco-anglaise...

La guerre du boeuf. Le 1ᵉʳ août 1999, la Commission européenne lève l'embargo sur le boeuf britannique imposé trois ans plus tôt pour cause d'encéphalopathie spongiforme bovine, la fameuse maladie de la vache folle. En octobre de la même année, le gouvernement Jospin annonce qu'il entend poursuivre le boycott du boeuf anglais reflétant en cela les inquiétudes du public français. Le gouvernement Blair offre de nouvelles garanties en matière de contrôle et de traçabilité des bêtes. Malgré les concessions et les efforts britanniques, la France maintient son embargo. C'est une véritable douche écossaise pour Tony Blair qui se sent trahi et humilié par son homologue français. Au sommet européen d'Helsinki, c'est un Premier ministre britannique exaspéré qui rappelle à la France les règles du jeu communautaire : "Nous ne pouvons pas avoir des pays qui choisissent et sélectionnent les lois auxquelles ils obéissent. La loi doit être respectée. C'est une décision que le gouvernement français a prise et il devra subir les conséquences de son geste devant les tribunaux".

La réponse du vacher à la vachère : le ministre britannique de l'Agriculture Nick Brown décide de boycotter les produits français "à titre personnel". Plusieurs chaînes de supermarché bannissent de leurs rayons des produits "made in France". Cependant, malgré l'appel à un patriotisme du caddie, les cosmétiques, les vins et autres fromages français continuent de se vendre outre-Manche comme si de rien n'était. Nombreux sont d'ailleurs les consommateurs britanniques avouant leurs propres doutes sur la viande bovine anglaise. Sans surprise, le *National Farmers Union* (l'équivalent anglais de la FNSEA) dénonce "le comportement méprisant" du gouvernement français. Mais contrairement à ce qui aurait pu être une réaction typiquement gauloise, les éleveurs anglais protestent calmement sans détruire les cargaisons de produits frais transportés par les routiers français.

La fureur britannique s'exprime surtout à la Chambre des communes où, sous la pression des Conservateurs, Tony Blair annonce qu'il portera l'affaire devant la Cour de Luxembourg. Vu de Londres, l'attitude du gouvernement Jospin trahit l'arrogance et l'égoïsme traditionnels de la France. La querelle ravive le souvenir des tensions franco-anglaises si fréquentes sous le leadership de l'inflexible Margaret Thatcher. L'affaire fait d'autant plus mal aux Anglais que le produit incriminé - le "british beef" qui leur vaut le doux surnom de "rosbifs" - fait partie du patrimoine culinaire national [5]. Après le traumatisme de la vache folle, la Grande-Bretagne aurait bien voulu oublier ce sombre épisode mais la position française empêche de tourner la page (en réalité, d'autres pays hors Union Européenne maintiennent eux aussi l'embargo).

(5) Ben Rogers, un jeune chercheur britannique, soutient dans son livre *Beef and Liberty* qu'il existe un "nationalisme culinaire" qui aurait - si l'on ose dire - nourri la querelle franco-anglaise depuis Azincourt... "la bataille du boeuf" ne serait que le dernier avatar de cette longue tradition d'un chauvinisme alimentaire.

La guerre du boeuf s'envenime un peu plus quand un rapport européen critique sévèrement les méthodes d'alimentation du bétail en France, en particulier : le recyclage d'excréments animaux. Les Conservateurs exigent le boycott immédiat de la viande française. Les tabloïds publient quelques caricatures bien senties : l'une d'entre elles présente un garçon de café parisien servant avec style un mets délicieux d'où se dégage une odeur d'excréments, ceci pour le plus grand plaisir de la clientèle française. En septembre 2002, trois années après les experts européens, l'Agence française de la sécurité sanitaire des aliments finit par conclure que la viande britannique ne présente plus de dangers pour les consommateurs français. Le 2 octobre 2002, le gouvernement Jospin signe l'armistice et autorise le retour de la viande bovine britannique dans les rayons. La guerre du boeuf aura empoisonné les relations franco-britanniques pendant trois ans et demi.

Macho anti-écolo. En Angleterre, le système politique est fondamentalement binaire en raison du mode de scrutin : majoritaire uninominal à un tour. Le jeu des alliances y reste donc un concept étranger. Autant dire que la notion de "gauche plurielle" n'est guère familière à un gouvernement travailliste qui n'a nul besoin de cajoler des petits partenaires pour former une majorité à la Chambre. Ceci explique peut-être la condescendance avec laquelle John Prescott, le vice-premier ministre du Cabinet Blair, va s'autoriser à traiter Dominique Voynet. Aux yeux de ce vieux routier travailliste à tête de bouledogue, un ministre Vert peut difficilement être pris au sérieux, surtout si l'écologiste en question a le tort d'être une femme.

Le 25 novembre 2000, les soixante-dix sept pays, réunis à La Haye pour adopter le protocole de Kyoto, se séparent sur un constat d'échec. Le sommet sur le réchauffement de la planète n'a abouti à aucun compromis sur la réduction des émissions de gaz carbonique. Le lendemain, John Prescott qui a tenté, une nuit durant, de réconcilier les positions européennes et américaines pointe du doigt la ministre française de l'Environnement sans s'embarrasser de circonlocutions. "Mme Voynet a dit qu'elle était fatiguée, exténuée, et qu'elle ne pouvait pas comprendre les détails et elle a donc refusé d'accepter (le compromis)" explique ainsi John Prescott avant d'ajouter que la ministre française a été "cold feet", expression typiquement anglaise désignant l'attitude de la jeune mariée qui se rétracte le jour même du mariage.

La réplique de Dominique Voynet ne se fait pas attendre : "Mr Prescott m'a rendue responsable de l'échec de la conférence de La Haye" écrit-elle dans le *Guardian*, "Il aurait pu utiliser des arguments plus raisonnables. Mais faute d'en avoir, il a adopté l'attitude classique du macho. Selon Prescott, une femme est nécessairement incompétente et ne peut physiquement tenir la durée dans de telles négociations. Un tel argument est risible comparé aux enjeux auxquels nous faisons face". John Prescott n'est pas du genre à demander pardon, surtout à une femme. Ce *self-made man* - très "Old Labour" dans le style mais servilement "New Labour" dans la pratique - ne juge pas nécessaire de présenter des excuses pour ses propos discourtois. Six mois plus tard, le meilleur ami de Dominique Voynet prouve sa virilité en décrochant un uppercut au visage d'un manifestant qui a eu la mauvaise idée de faire exploser un oeuf sur son beau costume ministériel. Avec le recul, Dominique Voynet peut considérer qu'elle s'en est plutôt bien sortie.

Le tunnel de la discorde. Quand le tunnel sous la Manche est inauguré, le 6 mai 1994, par la reine Elisabeth II et le président François Mitterrand (ce dernier faisant remarquer au passage que les Français auront le loisir d'admirer le charme du Kent, l'Eurostar roulant deux fois moins vite du côté anglais), ni l'un ni l'autre ne se doute que ce symbole de l'Entente cordiale deviendra quelques années plus tard un sujet de frictions entre Londres et Paris. A la fin des années 90, les habitants de Calais voient, chaque jour, affluer des dizaines de réfugiés cherchant à franchir le *Channel* par tous les moyens. En attendant leur heure, ces hommes, ces femmes et ces enfants errent et dorment dans la rue. Par souci humanitaire, un centre de réfugiés géré par la Croix Rouge est créé non loin du tunnel sous la Manche.

Très rapidement, les autorités françaises se voient accusées par les tabloïds, les Conservateurs anglais et, à demi-mots, par le gouvernement britannique d'avoir installé un tremplin pour l'immigration clandestine en direction de l'Angleterre. La France a beau expliquer que Sangatte n'est pas la cause mais la conséquence de ce flot de réfugiés attirés par une Grande-Bretagne réputée plus laxiste. Mais ces justifications ne font pas le poids face aux images des télévisions anglaises montrant des immigrants sautant sur les trains de marchandises sous le regard presque complice des policiers français. Le fait qu'ils raccompagnent gentiment, au centre de réfugiés, les candidats à l'exil qui ont raté leur coup n'est-il pas la preuve flagrante de la duplicité française ?

Le dossier vire à l'orage quand le gouvernement Jospin examine la possibilité d'ouvrir "un second Sangatte" à Bailleul (30 kilomètres de Dunkerque). Londres souhaite un éparpillement des réfugiés par petites unités sur l'ensemble du territoire français plutôt qu'un regroupement des demandeurs d'asile aux portes de l'Angleterre. David Blunkett, le *Home Secretary*, rencontre plusieurs fois son homologue français Daniel Vaillant, sans progrès notables. A Londres, on ne cache plus sa frustration devant ce qui est vu comme de la mauvaise volonté de la part de Paris.

Il faudra attendre le retour de la droite au pouvoir pour qu'un début de solution apparaisse. Le nouveau ministre de l'Intérieur, Nicolas Sarkozy, est pressé d'en finir avec cet interminable feuilleton qui pollue les relations franco-britanniques, perturbe le trafic transmanche et met en danger la vie de dizaines de réfugiés. Le 2 décembre 2002, lors d'une conférence de presse conjointe à Londres, Sarkozy le ministre thaumaturge et son homologue David Blunkett annoncent, tout sourire, la fermeture du centre de la Croix-Rouge. Le compromis prévoit que les autorités britanniques accueilleront sur leur sol les réfugiés kurdes irakiens et afghans immatriculés à Sangatte. La France prendra en charge le reste des demandeurs d'asile. Après avoir empoisonné les relations franco-britanniques pendant trois ans, le centre de la discorde est fermé le 31 décembre 2002.

Les rapports difficiles entre les gouvernements Jospin et Blair ne font que renforcer la sympathie d'un certain Jacques Chirac (alors barricadé à l'Elysée pour cause de cohabitation) envers le nouveau locataire du 10 Downing Street. Le chef de l'Etat apprécie d'autant plus ce jeune Premier ministre énergique et ambitieux qu'il lui permet de faire passer son rival de l'hôtel Matignon pour le parfait contre-exemple (le fameux archéo-socialisme de Jospin opposé au social-libéralisme plus moderne de Blair). Le leader du New Labour - qui ne passe pas précisément pour un doctrinaire - n'éprouve aucune difficulté à s'entendre avec le chef de file du conservatisme à la française. Blair admire en Chirac la bête politique, son côté bulldozer et son sens du spectacle. Un lien quasi-filial s'instaure entre le doyen de l'Europe et le jeune loup de la scène européenne. Les ratés du couple franco-allemand, depuis le départ de François Mitterrand et d'Helmut Khol, favorisent un certain rapprochement franco-britannique (de même qu'ils renforcent l'axe Londres-Berlin). Tony Blair a toutes les raisons de se féliciter de cette nouvelle donne : la relation franco-allemande ne semble plus porter le sceau de l'exclusivité et peut enfin laisser la place à un ménage à trois !

Les liens personnels entre Blair et Chirac se resserrent encore un peu plus après la naissance surprise du petit Léo, premier enfant à faire résonner le 10 Downing Street de ses pleurs depuis le milieu du XIXème siècle. Le président est l'un des premiers à tenir la petite merveille dans ses bras. Papy Jacques s'est pris d'une réelle affection pour le nouveau-né qui,18 mois plus tard, viendra l'embrasser un cadeau dans les bras en lui souhaitant, en français, "joyeux anniversaire" pour ses 69 ans. Une photo de Léo signée de la main du président français continue de trôner dans le bureau privé de Tony Blair. Mais Léo peut aussi devenir un symbole de discorde : au plus fort de la brouille franco-britannique sur l'Irak, Chirac utilise cet argument très personnel espérant visiblement toucher une corde sensible : "Comment pourras-tu plus tard regarder Léo dans les yeux si tu deviens celui qui a aidé à déclencher la guerre ?" aurait-il dit à un Tony Blair passablement irrité par la remarque. En signe de réconciliation, une fois la hâche de guerre plus ou moins enterrée, le Premier ministre offrira une photo de son dernier-né à Jacques Chirac, ce dernier commettant d'ailleurs la maladresse de l'arborer devant les photographes alors que les Blair font précisément tout pour protéger l'identité du petit Léo.

Cette diplomatie du berceau aura certes adouci les moeurs mais pas au point d'empêcher une sérieuse crise de confiance sur l'Irak ni une vive altercation entre les deux hommes au sujet de la Politique Agricole Commune... "le row" (la dispute) comme les journaux anglais s'amuseront à l'appeler. Officiellement, la querelle Blair-Chirac est aujourd'hui de l'histoire ancienne : en témoignent les poignées de main chaleureuses et les sourires éclatants devant les caméras. La réalité est pourtant moins idyllique : l'épisode irakien a laissé des traces, les rapports entre les deux hommes ont perdu en cordialité et surtout une méfiance s'est sournoisement installée dans le couple Blair-Chirac.[6] L'avenir dira si l'un et l'autre parviendront à restaurer la qualité des rapports qui prévalurent entre le (déjà) vieux routier de la scène internationale et celui qui n'était encore que le petit nouveau de la politique européenne.

(6) A l'occasion du G8 d'Evian, 1-2 juin 2003, la glace n'a pas encore fondu et le *Guardian* parle fort opportunément, sous ce climat alpin, d'une "Entente glaciale". L'expression a été utilisée 15 jours plus tôt, dans une tribune adressée au Figaro, par Charles Grant, directeur du *Centre for European Reform*, à Londres, institut indépendant.

Ce désenchantement d'en haut se reflète dans l'opinion française d'en bas. La crise irakienne marque la fin d'une longue lune de miel entre Blair le francophile et le bon peuple de France d'ordinaire si peu enclin à tomber sous le charme d'un chef de gouvernement britannique (à l'exception notable du mythique Winston Churchill). Après l'inflexible Margaret Thatcher, l'insipide John Major, la France a découvert en 1997 ce Premier ministre jeune et décontracté ayant le bon goût de parler français et de venir passer ses vacances d'été dans le Sud-ouest en compagnie de son épouse Cherie et de leur ribambelle de gamins.

A lire la presse française de l'époque, on peut croire que le Royaume-Uni vient de passer de l'ombre à la lumière. Il n'est plus question que de "Cool Britannia" et de "Ruée vers Londres", preuve que la propagande des *spin doctors* fait mouche bien au-delà des frontières britanniques. Oubliée la grisaille londonienne, chassée l'image de l'Angleterre un peu vieillote, "l'homme qui marche sur l'eau" est en train de transformer le royaume d'un seul coup de baguette magique. Certains éditorialistes français peuvent bien rappeler à longueur de colonnes qu'une feuille de papier à cigarette ne pourrait être glissée entre le programme du New Labour et celui des Conservateurs, seul le style Blair semble compter. Conseillé par son armée d'experts en marketing politique, le leader néo-travailliste imprime dans les esprits l'image d'un homme brillant, moderne et réformateur.

La France n'est pas le seul pays, loin s'en faut, à être balayé par cette "blairmania". Selon une étude réalisée à l'automne 1998 dans 11 Etats de l'Union, Tony Blair est à la fois la personnalité européenne la plus connue (85%) et la plus estimée (57% d'opinions positives contre 7% d'avis négatifs). C'est un double exploit pour un homme porté au pouvoir seulement un an et demi plus tôt, qui plus est, à la tête du pays réputé le moins europhile de l'Union. Quand une image s'impose, elle ne s'efface pas du jour au lendemain. Il faudra du temps avant qu'en France l'auréole de "St Tony" perde un peu de son clinquant. Quelques menus scandales politico-financiers, la misère des hôpitaux publics, les accidents de train à répétition, largement médiatisés en France, donnent une image un peu moins idyllique de la "New Britain" de Tony Blair. L'épidémie de fièvre aphteuse, avec ses bûchers moyenâgeux de vaches et de moutons, fait trembler toute l'Europe. La gestion chaotique de la crise ravive le mauvais souvenir de l'épidémie de vache

vache folle "exportée" sur le continent par les Conservateurs britanniques.

Tony Blair n'a jamais prétendu être un cryptocommuniste ("la lutte des classes est terminée" assène-t-il lors d'une conférence du Labour). Son palmarès le confirme : durant son premier mandat (1997-2001), l'écart entre riches et pauvres s'est nettement creusé en Grande-Bretagne. Pour beaucoup, la gauche néo-travailliste est devenue tellement nouvelle qu'elle a cessé d'être de gauche. Le champion de "la troisième voie" donne l'impression de cajoler le monde de l'entreprise et de bastonner les syndicats, les fonctionnaires et les chômeurs qui ont l'impudence de vivre aux frais de l'Etat britannique ("Margaret Thatcher a tué la gauche dans ce pays, Tony Blair l'a enterrée" résume un politologue anglais).

Sur la scène européenne, Tony Blair se découvre plus d'affinités avec José Maria Aznar et Sylvio Berlusconi qu'avec ses "alliés naturels" Lionel Jospin et Gerhard Schröder. Cette connivence décomplexée avec les forces du conservatisme confirme dans leur jugement tous ceux qui n'ont cessé de crier à l'imposture. Les audaces "socialo-droitières" de Blair laissent dubitatives une France plus égalitariste que libérale dans l'âme. Son positionnement à "l'extrême-centre" devient un sujet régulier de raillerie dans les milieux de gauche. Progressivement, le portrait positif de cet homme politique moderne et non doctrinaire s'efface au profit de l'image moins flatteuse d'un politicien roublard plus préoccupé par l'apparence que par la substance. Mais nul ne devrait être réellement surpris. Avant même son accession au pouvoir, Tony Blair avait affiché sa couleur - très rose pâle - et dans le fond c'est moins l'apôtre du social-libéralisme qui a changé que le regard des Français sur cet étrange animal politique.

Si le blason de Blair a donc perdu un peu de son éclat aux yeux du bon peuple de France, l'affaire irakienne va finir d'écailler la dorure. Dans un pays où l'alignement sur l'Amérique passe rarement pour une marque de puissance, Tony Blair ne tarde pas à être perçu comme "le valet" du président américain. A tort ou à raison, les Français considèrent que George W. Bush ne possède pas toutes les qualités intellectuelles requises pour occuper le bureau ovale. Cette soumission du brillant Tony Blair à un homme si peu réputé pour son génie est vue, de France, comme une position particulièrement dégradante. Jouer les porteurs d'eau, passe encore, mais au moins que le maître soit digne de cette servitude volontaire. A ce jour, l'attitude de Tony Blair - "le golden boy" de la scène internationale - reste un mystère entier pour les Français (mais pas seulement pour eux).

Pour ajouter à l'humiliation, l'administration Bush ne se montre guère reconnaissante des efforts et des risques considérables pris par son fidèle allié. Avant le déclenchement des hostilités en Irak, le secrétaire américain à la Défense Donald Rumsfeld avait déjà fait savoir que l'armée américaine se tiendrait prête à intervenir seule, "sans les *Brits*", si nécessaire. Après la guerre, Washington ne se soucie pas plus de la position périlleuse de Tony Blair et, avec une incroyable désinvolture, accrédite l'idée que la question des armes de destruction massive n'était guère plus qu'un prétexte (le numéro deux du Pentagone Paul Wolfowitz déclare candidement dans une interview : "Pour des raisons bureaucratiques nous nous sommes concentrés sur une seule question, les armes de destruction massive, parce que c'était la seule question sur laquelle tout le monde pouvait tomber d'accord").[7] Au même moment, le Premier ministre britannique s'escrime pourtant à convaincre une Grande-Bretagne de plus en plus sceptique que la menace des ADM n'était pas une fabrication. A l'inverse de George Bush, Tony Blair a uniquement fondé son argumentation en faveur de

(7) Interview dans *Vanity Fair*, numéro de juin 2003.

la guerre sur cette question des armes admettant que les autres raisons - fussent-elles légitimes - n'avaient pas de justification légale. Les Britanniques ont déjà dû avaler plusieurs couleuvres : un dossier plagié, une fausse information sur l'uranium africain de Saddam, une mention douteuse des "quarante-cinq minutes" nécessaires au déploiement de l'arsenal chimique et biologique irakien. La coupe commence à déborder...

La plume trempée dans l'encrier de la revanche, les journaux français commencent à mettre en doute l'honnêteté du chef du gouvernement britannique. "Menteurs ?" : dès le printemps 2003, la question barre la une de *Libération* au-dessus d'une photo de George Bush et de Tony Blair. Quand, en juillet de la même année, éclate l'affaire Kelly, les gazettes de l'Hexagone ne s'embarrassent plus de points d'interrogation. A la télévision et sur les ondes, plusieurs présentateurs parlent ouvertement des "mensonges" de Tony Blair, ce qui est un peu cavalier : la vie politique britannique étant ce qu'elle est, le Premier ministre ne serait déjà plus au pouvoir si lesdits mensonges étaient prouvés. Quoiqu'il en soit, ce portrait peu flatteur d'un Premier ministre "économe avec la vérité" (pour reprendre une croustillante litote anglaise) se cristallise dans les esprits français. Le reproche était-il justifié ?

Le chef du gouvernement britannique est assurément un politicien rusé, mais réduire son engagement en Irak à une opération de manipulation uniquement destinée à plaire aux Américains ne rend pas justice à la vérité. Le personnage est bien plus complexe que ne voudrait le faire croire la caricature du "toutou" de George Bush.

Quelques soient les sentiments qu'inspire Tony Blair, il faut bien reconnaître que son attitude volontiers belliciste repose sur de réelles convictions et sur un indéniable courage : dès l'été 2002, il semblait évident qu'une cause aussi impopulaire ne lui apporterait guère d'avantages politiques que ce fût en Grande-Bretagne ou en Europe. Sur ce point, il est bien difficile de l'accuser d'opportunisme. La chronologie des faits - notamment son inquiétude concernant l'arsenal irakien exprimée dès 1997 - ne cadre pas totalement avec l'image réductrice d'un Tony Blair porteur des valises américaines. Le manque de discernement sur les armes de destruction massive, les méthodes douteuses pour convaincre l'opinion britannique, l'entreprise de désinformation mise en branle pour décrédibiliser la position française, le manque d'esprit critique vis-à-vis de l'administration Bush sont autant d'éléments qui resteront probablement inscrits dans la colonne "passif".

Néanmoins, l'engagement de Tony Blair sur la scène internationale témoigne de sa grande sensibilité au sort des peuples opprimés par les tyrannies les plus sanguinaires (en comparaison, le très pragmatique Jacques Chirac semble s'accommoder plus aisément des violations des droits de l'homme dans le monde). Il y a dans le personnage une dimension religieuse trop souvent ignorée en France. Tony Blair a rencontré Dieu quand il était étudiant à Oxford. C'est un Anglican pratiquant. Il a même poussé l'œucuménisme - sous l'influence de son épouse catholique - jusqu'à communier le dimanche avant de se voir interdire le corps du Christ par les autorités de l'Eglise catholique. Après le 11 septembre 2001, Blair a fait du Coran son livre de chevet pour tenter de mieux comprendre l'Islam. Sur la scène internationale, l'action de ce dirigeant pétri d'humanisme chrétien semble donc motivée par ce devoir quasi-évangélique de lutter pour "le bien" contre "le mal". D'où cette conviction profonde qu'un devoir d'ingérence contre les dictatures les plus brutales relève de l'obligation morale : depuis son arrivée au pouvoir, les troupes britanniques ont été engagées dans le Kosovo, en Afghanistan, en Sierra Leone et bien sûr en Irak.

Faire la guerre pour un monde meilleur... tel est le credo blairiste répété inlassablement dans des discours à la tonalité souvent messianique. "Le tropisme évangélique de Blair apparaît nettement sur le plan des relations internationales. Sur ces questions, il voit en William Ewart Gladstone un maître à penser politique. Libéral, Gladstone fut plusieurs fois Premier ministre au XIXe siècle. Tout comme Blair, il mit sa profonde foi religieuse au service d'une politique internationale interventionniste et placée sous le signe de la morale" écrit Philippe Marlière, maître de conférences en science politique à l'université de Londres (*Libération*, 10 février 2003). L'universitaire poursuit : "On comprend mieux ainsi l'incompréhension de la majorité des chefs de gouvernement européens, habitués à la cuisine pragmatique de la Realpolitik, qui pendant près de cinquante ans a évité au monde le moindre conflit international".

Sur l'Irak, Tony Blair a toujours considéré que le renversement d'un dictateur aussi tyrannique que Saddam Hussein tenait du devoir moral tout en reconnaissant qu'un tel objectif ne reposait sur aucune base légale au regard du droit international. Dans son argumentation en faveur d'une intervention militaire en Irak, son irritation était palpable devant l'indifférence supposée de certains pays (au premier rang desquels la France) face au sort du peuple irakien. Ce n'est pas non plus un hasard si l'un des rares moments de tension entre Blair et Clinton aura été lié au Kosovo, le Premier ministre exprimant sa frustration face aux réticences du président américain à engager ses troupes contre "les forces du Mal" de Slobodan Milosevic. On le voit, le personnage est certainement plus complexe que la caricature canine d'un Premier ministre à la botte des Américains, portrait largement répandu que l'on contemple, en France, avec une certaine délectation.

Le 23 mars 2003, à la Chambre des communes, un député travailliste avait interpellé Tony Blair en ces termes : "Maintenant que le droit international a été remplacé par la loi de la jungle, le Premier ministre pourra-t-il dire à la Chambre si, lors de sa rencontre avec le président Chirac au Conseil européen, il lui a dit que la plupart des Britanniques se dissocient des insultes xénophobes qui ont été jetées à la figure de la France par quelques-uns de ses ministres, ces dernières semaines ? " Blair "le francophile" avait alors répondu : "Comme le sait mon honorable ami, j'ai une certaine affection pour la France, donc je ne m'associerai à aucune des insultes qu'elles visent la France ou les Français".

Malgré ces paroles apaisantes, l'impression désagréable qui a pu rester de cet épisode irakien est tout de même celle d'un petit vent de francophobie soufflant sur l'Angleterre avec la complicité d'un gouvernement britannique aux abois. Il serait ridicule d'accuser Blair de sentiments francophobes: son goût prononcé pour la France témoigne du contraire. [8] Mais, le Premier ministre britannique est aussi un redoutable homme politique qui peut, à l'occasion, se montrer impitoyable. Il n'est pas interdit de penser qu'il a cautionné une stratégie ouvertement anti-française pour des raisons tactiques. En tous les cas, l'affaire irakienne a laissé des traces dans l'opinion française : un sondage BVA/ICM, publié le 5 avril 2004 dans *Libération* et le *Guardian*, indiquait que les jugements négatifs sur Tony Blair (49%) dépassent désormais les avis positifs (47%). Le résultat n'est pas catastrophique mais très clairement le temps où la France entière regardait "Blair le séducteur" avec des yeux énamourés est bel et bien passé. La blairmania n'est plus aujourd'hui qu'un très lointain souvenir.

(8) On sera en revanche moins affirmatif sur son entourage : le journaliste britannique Peter Stohard décrit, dans son livre *30 Days. A month at the Heart of Blair's War*, 2003, l'atmosphère anti-française qui régna à Downing Street avant et pendant le conflit irakien.

Chapitre 4

L'histoire, la France,
le couple franco-allemand :
trois obsessions anglaises.

*"Alors qu'en France nous donnons à nos rues des noms de
victoires, en Angleterre ils leur donnent des noms de
défaites : Trafalgare Square, Waterloo place..."*
(Alphonse Allais)

Si les descendants de l'Empire britannique ne
connaissent pas tous leur histoire sur le bout des
doigts, ils n'oublient jamais de rappeler qu'ils
forment un peuple pétri par un passé glorieux et
des traditions multiséculaires. Cette conscience
historique aiguë peut s'avérer un frein solide aux
changements trop brutaux. Au nom de cette histoire
sublimée, les Anglais voient généralement d'un oeil
suspicieux les réformes qui menacent de les couper
de leur passé (surtout si lesdites réformes ont été
concoctées à Bruxelles). L'étrange attachement des
Britanniques à leur monarchie illustre parfaitement

ce besoin de maintenir un lien fort avec l'histoire et les traditions. La pression des journaux et de l'opinion publique poussant la famille royale à se mettre au goût du jour ne doit pas faire illusion : seule une petite minorité ose réellement envisager un avenir sans monarque. Que le chanteur rebelle des Rolling Stones, alias "Sir Mick", accepte d'être élevé au rang de chevalier de Sa Grâcieuse Majesté suffit à prouver que l'instauration d'une république dans la vieille Angleterre n'est encore qu'une lointaine perspective.

Les Anglais se demandent bien de temps à autre si financer, sur leurs propres deniers, les extravagances d'un clan coupé des réalités a encore un sens en ce début de XXIème siècle : que le futur souverain ait besoin de l'assistance d'un valet pour recueillir ses eaux dans un pot de chambre ou étaler la pâte à dentifrice sur sa brosse à dents montre le chemin que les Windsor ont encore à parcourir pour se rapprocher du peuple. Mais, au bout du compte, les sujets britanniques ne se résolvent pas à actionner la guillotine : un toilettage superficiel de l'honorable institution, grâcieusement consenti par la famille royale au bon peuple du Royaume-Uni, suffit à calmer les ardeurs républicaines.

Il ne faut pas se laisser abuser par les prédictions millénaristes d'une fin prochaine d'une monarchie devenue trop impopulaire pour survivre. Les coups de boutoir de la presse populaire ne constituent en rien une remise en cause fondamentale de l'institution. Malgré le déluge de scandales qui s'abat sur la royauté, la presse tabloïde et la monarchie continuent de ressembler à un couple d'ivrognes marchant épaule contre épaule pour ne pas tomber : l'une a besoin de l'autre pour vivre. Une très large majorité d'Anglais accepte cette conclusion quasi-tautologique que la monarchie doit continuer d'exister parce qu'elle existe depuis longtemps. Par le seul mérite de sa longévité, la royauté justifierait donc son existence. A l'occasion du jubilé d'or de la Reine, l'auteur et historien britannique Andrew Roberts avait écrit ces quelques lignes à la gloire de la monarchie, élevée sous sa plume au rang d'institution sacrée : "C'est précisément la nature non démocratique, non représentative et non méritocratique de l'institution monarchique - le fait que cela ne ressemble à rien d'autre dans notre monde moderne - qui la rend si fascinante et si attractive. La monarchie montre qu'il y a toujours quelque part un continuum historique qui nous relie au passé". Un passé qui interdit encore aujourd'hui le souverain britannique d'épouser un ou une Catholique...

Les signes extérieurs du conservatisme anglais s'affichent dans la tenue vestimentaire délicieusement vieillote des juges et des avocats du royaume. Les magistrats portent des panoplies héritées du XVIIIème siècle. Les perruques sont fabriquées en crin de cheval pour la modique somme de 500 euros pièce. Soucieux de donner aux acteurs du système judiciaire un aspect un peu moins anachronique, le ministère de la Justice a lancé une vaste consultation auprès du public pour décider si les perruques doivent prendre le chemin du musée. Dix ans plus tôt, la *vox populi* s'était déjà prononcée sur cette question cruciale : la consultation avait tourné au plébiscite en faveur d'un maintien de la tenue traditionnelle des magistrats. Et que dire du décorum, de l'apparat et des rites immuables qui accompagnent les débats à la Chambre des lords, Chambre haute du Parlement dont une grande partie des membres devaient - il n'y a pas si longtemps encore - leur présence à leur seule hérédité. En 2003, Tony Blair a aboli la fonction de *Lord Chancellor* (à la fois *Speaker* des lords et ministre de la Justice) vieille de mille trois cent quatre-vingt-dix-huit années. Cette figure historique trônant sur le *Woolsack* (le Sac de Laine) arborait des haut-de-chausses style XVIIIème, des bas de femme et une perruque dont les longs pans n'étaient pas sans rappeler les oreilles pendantes d'un cocker.

Tradition et histoire ne sont pas de vains mots en Angleterre : ils continuent de gonfler le sentiment de fierté nationale. Ainsi, après les éblouissantes funérailles de la Reine mère, plusieurs quotidiens s'enorgueillirent du brio et de la pompe qui accompagnèrent *Queen Mum* jusqu'à sa dernière demeure. Ces journaux constataient, mi-ironiques mi-sérieux, que si le pays ne savait plus faire rouler des trains il restait en revanche inégalable dans l'organisation des funérailles des têtes couronnées... Bien souvent, le poids des habitudes et des traditions suffit à justifier toute résistance au changement. Pourquoi changer, si l'on a toujours fait ainsi ? Le principe du système métrique comme unité de mesure a été officiellement adopté en 1965. Quarante ans plus tard, la plupart des Britanniques se montrent incapables de donner leur poids en kilos et leur taille en mètres préférant les "pierres" (*stones*), les "pieds" (*feet*) et les "pouces" (*inches*). Sur les marchés, c'est en livres et en onces que les marchands et les clients commercent. A Sunderland, dans le nord de l'Angleterre, la fondation des "Martyres du système métrique" a même lancé un grand mouvement de résistance contre l'harmonisation des poids et des mesures imposée par Bruxelles.

La France partage avec son voisin du nord ce sens aigu de l'histoire. La comparaison des agendas français et anglais indiquerait même une plus grande prégnance du passé dans la conscience hexagonale. Le calendrier français commémore quatre grandes dates historiques (le 1er mai, le 8 mai, le 14 juillet, le 11 novembre) quand le calendrier anglais ignore totalement l'histoire au profit d'anonymes *bank holidays* ou de fêtes religieuses. Même la fête nationale, la Saint-Georges, passe quasiment inaperçue : seuls quelques mordus de l'*englishness* accrochent encore des drapeaux à croix rouge sur fond blanc à leurs fenêtres, le 23 avril. Les jubilés des souverains britanniques sont, en revanche, marqués par des jours chômés et de somptueuses célébrations à travers le royaume.

La France et la Grande-Bretagne idolâtrent pareillement quelques grandes figures de leur Panthéon national : Clovis, Jeanne d'Arc, Louis XIV, Napoléon Bonaparte, Charles de Gaulle d'un côté, Henry V, Henry VIII, Horacio Nelson, le duc de Wellington, Winston Churchill de l'autre. De part et d'autre du *Channel*, on regarde son histoire la poitrine gonflée par la fierté qu'inspirent les glorieux ancêtres. Les références aux tumultueuses relations franco-britanniques passées fusent inévitablement à la moindre querelle transmanche. Classique, cet échange entre Dominique de Villepin et Jack Straw au Conseil de sécurité de l'ONU : mettant en garde contre une invasion de l'Irak, le chef de la diplomatie française vient de s'exprimer au nom d'une "vieille nation" qui a connu les affres de l'invasion et de l'occupation (une allusion transparente à la remarque de Donald Rumsfeld qui a dédaigneusement relégué la France et l'Allemagne au rang de "vieille Europe"). Son homologue britannique prend à son tour la parole et détend l'atmosphère en rappelant qu'il vient, lui aussi, d'une vieille nation envahie et occupée... par les Français en 1066. Dominique de Villepin est-il alors tenté de répondre que "l'Angleterre est une colonie française qui a mal tourné" selon le mot cruel de Georges Clemenceau ? Diplomate, le ministre français des Affaires étrangères s'abstient de verser un peu plus d'huile sur le feu.

Ainsi, Français et Anglais ont bien du mal à faire abstraction du passé. Le phénomène est particulièrement frappant au nord de la Manche où l'on semble se tenir toujours prêt à rejouer la guerre de Cent ans. Azincourt, Crécy, Orléans, La Rochelle, Waterloo, Fachoda, Guillaume le Conquérant, Henry v, Bonaparte, Nelson, Churchill, de Gaulle...

Ces noms de batailles et de gloires nationales sortis tout droit des manuels d'histoire pleuvent dans les journaux anglais comme si ces figures historiques faisaient partie de l'actualité du jour. Il n'est pourtant pas inutile de rappeler que la France et l'Angleterre n'ont pas été en guerre depuis 1815 !

Même les événements sportifs - ou plutôt surtout les événements sportifs - sont prétexte à jeter un peu de sel sur les blessures de l'histoire. "La demi-finale sera la plus grande confrontation entre l'Angleterre et la France depuis Waterloo" exultait l'éditorialiste du *Sun* avant le choc de la demi-finale de la coupe du monde de rugby de 2003, "Rappelle-toi ce qui s'était alors passé Jonny (Wilkinson). Wellington avait donné à Napoléon un bon coup de pied au derrière". Ces références à un passé tumultueux sont inévitablement accompagnées des préjugés traditionnels : perfidie, duplicité, arrogance et égocentrisme gaulois. Si la presse hexagonale se réfère encore régulièrement à la "perfide Albion" (expression popularisée depuis la Révolution Française), la capture de Jean II le Bon, la condamnation à mort de Jeanne d'Arc, l'exil de Napoléon, l'affaire de Fachoda, le sabordage de Mers El Kébir ne trouvent plus guère de place dans l'actualité.

Il se trouvera toujours quelques enragés de l'anglophobie pour clamer haut et fort leur mépris des "rosbifs" mais une hostilité anti-anglaise si clairement affichée paraît désormais aussi rare que les tirades anti-boches des vieux des campagnes. Même Jean-Marie Le Pen, honorant Jeanne d'Arc chaque 1er mai, ne juge pas utile de vomir quelques injures anglophobes pour venger la mémoire de la Pucelle d'Orléans. L'histoire ne nourrit plus l'anglophobie d'antan : tout se passe comme si la France avait fini par se lasser de ces querelles ancestrales. La référence à "la perfide Albion" n'est plus qu'une clause de style, l'évocation des rivalités nationales passées, une donnée obsolète.

Faut-il en conclure que les Français sont moins obsédés par la tumultueuse relation franco-britannique ? C'est une réelle possibilité. La confrontation entre les deux pays ayant rarement tourné à l'avantage de la France, il n'y a sûrement pas le même appétit à rappeler une histoire ponctuée de défaites et d'humiliations. Il n'est pas question de prétendre que ce lourd passé ne continue pas de peser dans les rapports présents avec l'Angleterre. L'idée largement répandue qu'on ne peut "pas faire confiance à la perfide Albion" s'enracine dans une longue histoire marquée par une suspicion instinctive vis-à-vis de l'ennemi héréditaire. Mais, de manière générale, les Français donnent l'impression d'avoir tourné la page de ce passé agité plus sûrement que les Anglais.

Comment expliquer - si l'on accepte ce postulat - que cette histoire conflictuelle soit, à l'inverse, une référence assez fréquente dans la presse, les discours et les conversations des Anglais ? On peut toujours avancer l'hypothèse que les événements historiques (la victoire sur Napoléon, le rayonnement de l'Empire britannique, la résistance héroïque au nazisme) les incitent plus volontiers à l'autoglorification. C'est certainement une clé d'explication à ne pas négliger. Au-delà, ces rappels réguliers de la rivalité franco-britannique passée ne joueraient-ils pas une fonction plus ou moins consciente de renforcement de la cohésion nationale anglaise ? En pleine division du pays sur la guerre en Irak, le fameux "Always blame the French" n'a-t-il pas aidé à retrouver un minimum d'unité autour du chef ?

Il n'est pas question de prétendre ici que la France, à elle-seule, permettrait aux Anglais de se penser en tant que groupe national, mais émettons l'hypothèse que cet "ennemi fédérateur" constitue, encore aujourd'hui, un repère les aidant à mieux se définir eux-mêmes. Dans son livre (*Les Anglais*),[1] Jeremy

(1) Jeremy Paxman, *Les Anglais. Portrait d'un peuple*, Paris, Saint-Simon, 2003.

Paxman brosse le portrait d'un peuple en proie aux doutes sur son identité alors que l'*englishness* semble une notion de plus en plus confuse. Beaucoup d'Anglais de la vieille génération pleurent secrètement le brutal déclassement de leur glorieuse nation, comme ce "vieil Anglais à moustaches recourbées" cité par Jacques A. Bertrand (*L'Angleterre ferme à cinq heures*)[2] : "Je suis né dans un Empire, je vais mourir dans une colonie" (sous-entendu : une colonie américaine). Cette tendance britannique à se raccrocher à l'histoire ne serait-elle pas une réponse à cette crise identitaire ?

La différence d'approche des deux pays par rapport à l'Europe peut expliquer que l'Angleterre entretienne, avec plus d'entrain que la France, le feu de la rivalité. Le positionnement résolu des Français au coeur de la construction européenne a certainement aidé à abandonner un schéma de pensée exclusivement national, ceci malgré des résistances "souverainistes" dans l'Hexagone. Pays fondateur et pilier de l'Union Européenne, la France baigne depuis un demi-siècle dans un monde où l'Etat-nation, tout en demeurant la référence, cesse d'être un cadre unique et hermétique. Les Français ont accepté plus facilement le modèle des poupées

(2) Jacques A. Bertrand, *L'Angleterre ferme à cinq heures. Mémoires d'outre-Manche*, Paris, Julliard, 2003

gigognes - Europe, nation, région - proposé par Bruxelles. Tenus à l'écart de l'Europe jusqu'en 1973, ayant refusé de jouer pleinement la carte européenne, les Anglais sont probablement restés plus arc-boutés sur une logique de nation. Ils continuent à voir leur relation avec la France à travers un prisme national et non pas communautaire (on objectera, outre-Manche, que le patriotisme gaulois n'est pas non plus mort et enterré).

Dans le patrimoine historique de la Grande-Bretagne, la seconde guerre mondiale occupe une place à part. Les Britanniques adorent se souvenir de cette heure de gloire ("Britain at its best") où ils restèrent les seuls en Europe à tenir tête aux troupes hitlériennes. Les cinq chaînes hertziennes abreuvent les téléspectateurs de documentaires historiques sur le *Blitz*, le nazisme et Adolf Hitler (ses derniers jours, sa jeunesse, sa vie sexuelle, ses animaux etc...). Ne craignant guère les raccourcis historiques, les europhobes n'hésitent jamais à faire des rapprochements douteux entre l'Europe de Bruxelles et l'Europe hitlérienne. *No campaign*, une organisation militant contre l'adoption de l'euro en Grande-Bretagne, fit scandale avec une campagne mettant en scène un Adolf Hitler de pacotille hurlant son nouveau slogan : "Un seul peuple, un seul Reich, une seule monnaie". Les changements initiés à

Bruxelles sont systématiquement perçus comme une menace potentiellement fatale pour l'identité britannique. Au printemps 2003, une grande partie de la presse anglaise se déchaînait contre le futur projet de Constitution européenne. Le *Sun* lançait une campagne se proposant modestement de "sauver le pays". Les figures tutélaires d'Elisabeth I, de l'amiral Nelson et de Winston Churchill étaient appelées à la rescousse : "1588 : nous avons repoussé les Espagnols. 1805 : nous avons repoussé les Français. 1940 : nous avons repoussé les Allemands. 2003 : Blair livre la Grande-Bretagne à l'Europe".

Pour un pays si fier d'avoir résisté à toutes les invasions étrangères, la moindre tentative supposée de remise en cause de la souveraineté nationale est jugée insupportable : "La dernière menace sur la souveraineté britannique a échoué en 1945 avec Hitler, jusqu'à ce que la Constitution européenne lève sa tête monstrueuse" écrivait le *Sun* dans son style si caractéristique. Comme lors du *Blitz*, les Anglais seraient donc les derniers à ne pas capituler face à la dictature bruxelloise. Les Français auraient cessé d'être Français, les Allemands d'être Allemands, les Italiens d'être Italiens, les Espagnols d'être Espagnols.... Les vieux Etats-nations auraient sacrifié leur identité nationale pour se fondre dans la masse informe de l'Union Européenne. Seuls les

Anglais auraient réussi à préserver leur histoire, leur patrimoine et leurs traditions.

Inévitablement, cette interpénétration du passé et du présent dans les esprits rend difficile une approche rationnelle du débat communautaire. Certes, soucieuse de ses intérêts, la Grande-Bretagne continue inlassablement de soupeser le pour et le contre d'une adhésion à la monnaie unique ("la maladie typique du Britannique, c'est son habitude d'attendre jusqu'à la treizième heure" écrivait l'historien anglais Arnold Joseph Toynbee). D'où une certaine impatience de ses partenaires européens lassés d'essuyer les plâtres en attendant que la Grande-Bretagne daigne les rejoindre une fois les travaux finis et l'adhésion sans risque. Cette attitude un rien opportuniste n'explique pas à elle seule les hésitations britanniques. Ce sentiment profondément ancré d'être différents - et quelque part supérieurs - du reste de l'Europe n'incite guère à se fondre dans la masse européenne. Pourquoi sacrifier son identité (en partie symbolisée par la monnaie nationale à l'effigie de la Reine d'Angleterre) quand les leçons de l'histoire prouvent la supériorité anglaise ?

Cet atavisme historique n'est pas sans conséquences dans les rapports qu'entretient aujourd'hui l'Angleterre avec son éternel rival. Si les sujets de friction transmanche changent régulièrement, la bonne vieille caricature d'une France arrogante, déloyale et égoïste - vision profondément enracinée dans le passé - reste quant à elle immuable. Les Britanniques s'auto-persuadent que la diplomatie française, forcément guidée par ses préjugés anti-anglais, œuvre en coulisses pour les marginaliser voire les éliminer.

Typiquement, la menace du veto français à une seconde résolution autorisant la guerre en Irak fut reçue à Londres comme un coup de poignard dans le dos de Tony Blair : "Il y a ici le sentiment que Chirac cherche à renverser notre Premier ministre parce qu'il est frustré de voir la France perdre son influence, au profit de la Grande-Bretagne, sur la direction future de l'Europe. Il utilise la question de l'Irak et l'arme de son veto à l'ONU pour causer le maximum de dommages à Tony Blair" déclare ainsi un ministre s'exprimant sous le couvert de l'anonymat. Tom Watson, un député travailliste, lui va plus loin : "Ce qui se passe n'est rien de moins qu'une tentative pour éliminer de sang-froid un Premier ministre britannique démocratiquement élu. Notre Premier ministre travaille jour et nuit pour sauver le processus onusien mais Chirac est déterminé à lui rendre la vie difficile en raison de son animosité personnelle et de sa jalousie. Tous mes collègues doivent se poser la question s'ils sont contents de se faire les complices de cette tentative de renversement de notre leader par les forces déloyales d'un gaullisme obtus".[3]

Au plus haut niveau, on semble avoir partagé cette conviction qu'un coup d'Etat diplomatique était bel et bien piloté de l'Elysée. "Blair en vint à croire en partie, sur la base de rapports des services du renseignement britannique, que le différend à propos de l'Irak n'était, en fait, qu'un prétexte masquant un antagonisme bien plus sérieux" explique Philip Stephens [4]. "Chirac, selon ces rapports, avait décidé que Blair avait usurpé sa propre position de leader naturel de l'Europe. Il était grand temps pour le président français de réaffirmer son autorité et de couper les ailes de la perfide Albion. Autrement dit, la querelle devenait aussi bien personnelle que politique. Sans surprise, les officiels français démentirent cette analyse. Mais Blair en vint à le croire, allant jusqu'à dire à des proches conseillers que Chirac *voulait sa peau*". Vu le crédit accordé par Tony Blair aux services de renseignement sur les armes de destruction massive, il n'est pas en effet

(3) Le *Daily Express*. le 14 mars 2003.
(4) Philip Stephens, *Tony Blair. The making of a world leader*. op.cit.

exclu qu'il ait pris très au sérieux les informations de l'intelligence britannique faisant état d'une tentative d'assassinat politique orchestrée par Paris.

Il n'est pas impensable qu'en brandissant son veto le président français, au sommet de sa traîtrise, ait nourri quelques arrière-pensées anti-anglaises. Le chef de l'Etat français ne devait pas être mécontent d'ajouter aux difficultés d'un Tony Blair vu à Paris comme "le petit télégraphiste" de Washington. Après tout, l'Elysée n'avait guère de cadeaux à faire à un Premier ministre britannique qui - fort de son alliance avec les Etats-Unis - n'avait pas ménagé ses critiques contre la France. Secrètement, Jacques Chirac espérait peut-être fragiliser, voire déstabiliser, un Tony Blair apparaissant comme le maillon faible de la "coalition of the willing". Une défaite de l'allié fidèle de George Bush aux Communes n'aurait-il pas révélé au grand jour le superbe isolement des Américains ? L'Elysée a peut-être nourri de telles arrière-pensées mais de là à imaginer Chirac sortant l'arme du veto dans le seul but de renverser le chef du gouvernement britannique, c'est faire preuve d'une paranoïa finalement assez caractéristique de cette méfiance que la France continue de susciter outre-Manche.

Beaucoup d'Anglais restent persuadés que les comptes du passé entre la France et la Grande-Bretagne ne sont pas encore totalement soldés. Les positions de Paris seraient donc à juger à l'aune de ce ressentiment français vis-à-vis du vieil ennemi. Dans ce cas précis, la conviction qu'il y a eu "une tentative d'assassinat politique" contre la personne de Tony Blair trahit non seulement un complexe de persécution mais également un indéniable "anglocentrisme". Dans l'affaire irakienne, les hommes politiques et les journaux anglais en viennent à se persuader que l'action de la France est déterminée par ce qui se passe à Londres quand, en réalité, Paris "vise plus haut" et situe son opposition au niveau des Etats-Unis et seulement facultativement -"par association"- au niveau de la Grande-Bretagne.

Outre-Manche, la construction européenne a toujours été accueillie avec un enthousiasme mesuré et une suspicion immodérée. Vu de Londres, la marche forcée vers toujours plus d'unification s'apparente souvent à un complot franco-allemand destiné à isoler la glorieuse Angleterre. L'Europe ne serait donc qu'un prétexte cachant bien mal les ambitions hégémoniques de Paris et de Berlin. La presse tabloïde, peu oublieuse du passé, ne manque jamais de s'irriter de cette union sacrée entre ces barbares d'Allemands et ces capitulards de Français. Un dessin du *Sun* illustre parfaitement la crainte de cette domination franco-germanique sur l'Europe : dominant une mappemonde rebaptisée "Etats-Unis d'Europe", Adolf Hitler lève le doigt revendiquant la paternité du projet ("Of course the Germans wanted it first'), il est aussitôt contredit par... Napoléon Bonarparte ("No, ze French"). Simple trait d'humour sans véritable signification ? Pas vraiment. L'éditorial qui accompagne le dessin développe l'argumentation : "La Constitution européenne rédigée par un ancien président français avec le soutien total de Tony Blair va détruire notre démocratie, faire disparaître notre liberté, sacrifier notre souveraineté. Ce n'est rien de moins qu'un abandon de toutes les valeurs de ce pays et de ce pourquoi il s'est battu pendant des siècles. La Grande-Bretagne perdrait cette identité qui la rend si différente de l'Europe et, en fait, du reste du monde (...) A Paris et à Berlin on se frotterait les mains avec allégresse, car les régimes français et allemand voient notre actuelle indépendance financière comme une arme économique puissante qu'ils ne peuvent concurrencer (...) La Grande-Bretagne, cette nation qui a tant de fois sauvé l'Europe des guerres de la tyrannie se retrouverait comme un chien édenté"[5].

Pour un public britannique peu au fait des subtilités communautaires, l'argument simpliste et percutant d'un complot franco-allemand visant à dominer l'Europe ne manque pas d'impressionner. La presse europhobe sait qu'en agitant le chiffon rouge de la perte de souveraineté, elle joue sur le velours de l'ignorance : peu de ses lecteurs se seront amusés à éplucher l'épais document, rédigé sous la férule de Valéry Giscard d'Estaing, stipulant que "tout Etat membre peut, conformément à ses règles constitutionnelles, décider de se retirer de l'Union Européenne". Mieux vaut passer sous silence cet article qui ne cadre pas précisément dans le tableau effrayant d'une Grande-Bretagne se retrouvant pieds et mains liés par des eurocrates sans visage œuvrant à la solde de la France et de l'Allemagne.

Tout n'est cependant pas que paranoïa et sentiment de persécution. La Grande-Bretagne a quelques raisons de soupçonner la France de vouloir la tenir à l'écart du coeur des décisions communautaires. Les Anglais n'ont pas la mémoire courte. Ils n'ont pas oublié le double camouflet infligé en 1963 et en 1967 par de Gaulle. A deux reprises, le chef de l'Etat français - celui-là même à

(5) Le *Sun*, 15 mai 2003.

qui Londres avait offert l'asile en 1940 - claque la porte au nez d'Anglais enfin décidés à adhérer au Marché commun. Aux yeux du général, les Britanniques restent trop dépendants des Etats-Unis. Il est ulcéré de voir la Grande-Bretagne frapper à la porte de l'Europe après avoir placé son armement nucléaire sous protectorat américain.

Le 14 janvier 1963, au cours d'une conférence de presse retentissante, de Gaulle justifie son veto sans même chercher à cacher ses récriminations vis-à-vis de Londres : "La Grande-Bretagne a posé sa candidature au Marché commun. Elle l'a fait après s'être naguère refusée à participer à la communauté qu'on était en train de bâtir, après avoir créé une sorte de libre-échange avec six autres Etats, après avoir (...) fait quelques pressions sur les Six pour empêcher que ne commence réellement l'application du Marché commun. L'Angleterre donc a demandé à son tour à y entrer, mais suivant ses propres conditions (...) L'Angleterre, en effet, est insulaire, maritime, liée par ses échanges, ses marchés, son ravitaillement, aux pays les plus divers et souvent les plus lointains. Elle exerce une activité essentiellement industrielle et commerciale et très peu agricole. Elle a, dans tout son travail, des habitudes et des traditions très marquées, très originales. Bref, la nature, la structure, la conjoncture, qui sont propres à l'Angleterre, diffèrent profondément de celles des continentaux". Profondément heurté, le Premier ministre Harold Mac Millan verra dans ce refus de de Gaulle le jugement d'un homme obsédé par le passé et l'histoire. N'est-ce pas la preuve que la France n'a pas pardonné à la Grande-Bretagne de l'avoir libérée de la tyrannie hitlérienne ? Et puis, le coq gaulois ne chercherait-il pas à rester sans véritable rival dans la basse-cour européenne ?

Le départ du général de Gaulle et l'arrivée au pouvoir de Georges Pompidou lèvent les derniers obstacles à une adhésion britannique à la CEE en 1973. Mais dès 1963, le général de Gaulle a pressenti les difficultés à venir : les désaccords sur la Politique Agricole Commune ("I want my money back !", Margaret Thatcher), les "habitudes et les traditions très marquées, très originales" de la Grande-Bretagne (exemption de la clause sociale sous John Major, report incessant d'une décision sur l'euro sous Tony Blair), la relation spéciale avec les Etats-Unis (guerre en Irak).

Dans la foulée de son veto à l'entrée de la Grande-Bretagne, la France consolide ses liens avec l'Allemagne en signant, le 23 janvier 1963, le traité de l'Elysée. L'axe Paris-Bonn devient "le moteur de l'Europe". C'est un mariage de raison : la France s'adosse à la puissance allemande pour mieux défendre ses propres intérêts sur la scène européenne, l'Allemagne voit dans cette alliance un moyen d'effacer des mémoires les horreurs nazies. Et Londres dans tout ça ? Tenue à l'écart, la Grande-Bretagne ne peut observer les effusions élyséennes entre de Gaulle et Adenauer qu'avec un mélange d'envie et d'injustice. Les Britanniques ne se retrouvent-ils pas au ban d'une Europe qu'ils ont contribuée à sauver de la tyrannie nazie vingt ans plus tôt ? Une fois rentrée dans l'Europe, les Anglais auront de nombreuses occasions de s'irriter de cette union franco-allemande tout en ne faisant guère d'efforts pour transformer ce duo en trio. Dans deux styles très différents, Margaret Thatcher et John Major se maintiendront à distance respectable de Bruxelles et du couple franco-allemand donnant l'impression se tenir à la lisière de l'Europe.

Bien décidé à briser cet isolement britannique sur la scène européenne, Tony Blair veut aujourd'hui mettre un terme à ce "ni-ni" (ni complètement à l'intérieur, ni tout à fait à l'extérieur de l'Europe). Sa stratégie consiste à participer pleinement à la construction communautaire pour lui faire suivre un cours plus favorable aux intérêts britanniques. En clair, plus question de laisser les Allemands et les Français faire leur petite tambouille dans leur coin :

Il faut désormais compter avec les Anglais !
Justement, à la fin des années 90, l'axe Paris-Berlin
que l'on croyait indestructible trahit quelques signes
de faiblesse. Tony Blair profite des relations
difficiles entre Jacques Chirac et Gerhard Schröder
pour opérer un net rapprochement avec le Chancelier
allemand. L'émergence d'un axe Londres-Berlin
finit par inquiéter sérieusement Paris. Mais
l'infidélité ne va pas durer : la convergence de vue
entre la France et l'Allemagne sur l'Irak rapproche
les deux pays et réduit à néant les efforts de Blair
pour se glisser entre les deux. Rien ne valant un
anniversaire de mariage pour relancer un vieux
couple, la France et l'Allemagne célèbrent en grande
pompe les 40 ans du traité de l'Elysée, le 22 janvier
2003. Une fois encore, la Grande-Bretagne se sent
exclue des agapes...

Dans le *Guardian*, le journaliste Neal Ascheron
expose parfaitement la perception britannique de
l'amitié franco-allemande : "La Grande Bretagne a
toujours trouvé la relation franco-allemande
déconcertante. Les Britanniques considéraient, avec
certaines raisons, que leur propre approche vis-à-vis
de l'Otan et des tensions liées à la guerre froide était
bien plus proche des sentiments allemands que de
l'attitude anti-conformiste des Français. Ils
trouvaient, là encore avec raison, que les Allemands

de l'Ouest étaient plus à l'aise face au pragmatisme et à la tolérance de la société britannique plutôt qu'avec la texture plus rigide de la vie française. Certainement qu'un jour les Allemands finiraient par entendre raison et réaliseraient que leurs vrais partenaires se trouvent de l'autre côté de la Manche. Il y a toujours eu des Allemands pour être d'accord, trouvant l'égocentrisme et l'impolitesse françaises insupportables. J'ai connu beaucoup d'ambassadeurs allemands à Londres, et peu d'entre eux résistaient à la tentation d'approuver leurs interlocuteurs britanniques (...) : 'cette déférence obsolète vis-à-vis de la France vraiment devient de plus en plus impossible... si seulement vous pouviez cesser ces programmes de télé effrayants sur la guerre et arrêter de vivre dans le passé... pensez seulement à ce qu'un partenariat germano-britannique prenant le chemin de l'Europe pourrait signifier'. Mais c'est une illusion. Pendant quarante ans, la Grande-Bretagne a été comme une maîtresse attendant patiemment que son amant quitte sa femme. Il ne le fera jamais. Il continuera de se plaindre sans fin reprochant à sa femme de ne pas le comprendre. Mais quelque chose de fort et d'indicible le retient dans ce mariage : le fait que les dirigeants français sont à la fois des patriotes passionnés et des Européens passionnés, une combinaison qui laisse les Britanniques incrédules. Et de ce point de vue, il faut le dire, la Grande-Bretagne a peu fait pour aider sa cause".[6]

Le bonheur des uns faisant le malheur des autres, Tony Blair voit s'évanouir dans les flonflons de la fête franco-allemande son rêve d'un ménage à trois. D'autant plus que l'axe Paris-Berlin se trouve renforcé par sa position commune sur le dossier irakien. Avec d'évidentes motivations électoralistes en tête, Gerard Schröder a été le premier à critiquer vertement l'attitude belliciste de l'administration Bush. Jacques Chirac lui a emboîté le pas avec la même vigueur. Aligné sur la position américaine, Tony Blair se retrouve en porte-à-faux vis-à-vis de Paris et de Berlin. Il croit encore que son charme et sa force de conviction suffiront à rallier la France et l'Allemagne au camp de la guerre... Il se trompe lourdement.

Trois mois plus tôt, Tony Blair a pu tester à ses dépens la force du lien franco-allemand. Quand, le 25 octobre 2003, le Premier ministre britannique arrive à Bruxelles pour le sommet européen, il est bien décidé à obtenir une réduction drastique des aides européennes à l'agriculture. L'hostilité britannique à la Politique Agricole Commune n'est

(6) Le *Guardian*, 22 janvier 2003.

pas nouvelle : elle remonte à son adhésion au Marché commun en 1973. Aux yeux de Tony Blair, la PAC cumule tous les désavantages : elle pénalise injustement l'agriculture des pays en voie de développement, elle constitue une atteinte flagrante à la libéralisation du commerce mondial, et surtout elle s'avère extrêmement ruineuse. La PAC engloutit 45% du budget communautaire ! Or, en raison du poids très relatif de son agriculture, la Grande-Bretagne profite assez peu de la manne agricole. Tony Blair fait valoir, avec raison, que l'arrivée des dix nouveaux Etats-membres (en particulier de la Pologne, très agricole) impose une réforme radicale de la PAC, autrement dit une forte réduction des aides à l'agriculture. La France, première bénéficiaire de ces subsides et pour cette raison arc-boutée sur le statu-quo agricole, ne l'entend pas de cette oreille.

Jacques Chirac qui, depuis son passage au ministère de l'Agriculture, n'a jamais manqué de caresser les paysans français dans le sens du poil choisit la contre-attaque. Il remet en cause la légitimité du "chèque" britannique, l'argent que l'Union Européenne verse chaque année à la Grande-Bretagne en paiement de la ristourne dont elle bénéficie depuis le compromis de Fontainebleau arraché par la Dame de fer en 1984. Persuadé de son bon droit (la Grande-Bretagne est le deuxième contributeur net au budget européen derrière l'Allemagne), Tony Blair pense avoir rallié la Suède, les Pays-Bas et l'Allemagne à sa cause. Il tombe de haut quand, en arrivant au sommet de Bruxelles, il réalise que Jacques Chirac et Gerhard Schröder se sont entendus dans son dos pour concocter un accord maintenant la PAC en l'état, jusqu'en 2006. Le Premier ministre britannique est furieux. Il fait remarquer à Jacques Chirac (là encore non sans raison) qu'il est un peu hypocrite de se faire passer pour le champion de la cause africaine quand, dans le même temps, on empêche ces pays d'exporter leur production agricole vers l'Europe. "Vous avez été très mal élevé. Personne ne m'avait jamais parlé comme cela" rétorque un président français au bord de l'apoplexie. Dans un geste un rien infantile, la France reporte le sommet franco-britannique du Touquet prévu dix jours plus tard.

L'épisode révèle la volonté nouvelle des Britanniques d'être aux premières loges de la scène européenne et non plus sur un strapontin, comme au temps de Thatcher et de Major. La Grande-Bretagne veut désormais être un membre à part entière du club afin d'influencer la politique européenne. En clair, fini le temps des petits arrangements entre amis quand Paris et Berlin s'entendaient entre eux, tandis que Londres se tenait à distance n'intervenant que pour défendre ses intérêts nationaux. En des termes fort peu diplomatiques, le Commissaire européen britannique Neil Kinnock avait averti que le temps où "la France pouvait faire ce que bon lui semble" était désormais révolu. Mais le rétablissement d'un nouvel équilibre ne se fera pas du jour au lendemain : l'incident bruxellois a illustré, aux yeux du Premier ministre britannique, la permanence d'un lien franco-allemand fort et bien difficile à briser. Vu d'outre-Manche, la France a une fois encore confirmé sa réputation d'égoïsme et de duplicité en utilisant ses relations privilégiées avec la puissante Allemagne pour défendre ses intérêts commerciaux et, au bout du compte, pour isoler la Grande-Bretagne. Décidément, le passé n'est pas facile à dépasser.

L'Angleterre dans son coin, la France et l'Allemagne côte-à-côte... même les publicitaires s'amusent de cette relation trilatérale complexe avec un humour tout britannique. Dans une campagne de publicité, le constructeur automobile Rover vantait la supériorité de sa dernière-née sur les marques étrangères en montrant trois voitures l'une derrière l'autre. Slogan ironique au bas de l'affiche : "Histoire classique : la France derrière l'Allemagne. La Grande-Bretagne toute seule devant".

Chapitre 5

Europhobie et Francophobie
même combat !

"Brouillard sur la Manche, le continent est isolé"
(titre du Times)

"Le retour de la Momie"... En ce mois d'octobre 1999, l'affiche de la dernière superproduction hollywoodienne a recouvert les panneaux d'affichage de Blackpool. Cette station balnéaire du pauvre qui à chaque automne brille de ses cent mille ampoules, donnant à la ville les aspects tristement kitch d'une grande fête foraine, accueille au même moment la conférence annuelle des Conservateurs. Des milliers de délégués voûtés et grisonnants piaffent de plaisir en écoutant leur idôle de toujours : Margaret Thatcher. Le verbe encore vif, l'humour toujours percutant, la Dame de fer fait s'entrechoquer les dentiers des congressistes en exprimant sa surprise de voir son retour ainsi annoncé sur les murs de la ville. Les retours de la "Momie" se font de plus en plus rares mais son fantôme continue de hanter la mémoire de la famille torie. Orphelins d'un vrai leader depuis plus d'une décennie, les adhérents du Parti conservateur restent nostalgiques de l'ère thatchérienne. Les paroles de la "Pythie de Blackpool" n'en sont bues que plus religieusement par un auditoire tout acquis à sa cause.

Typiquement, *Lady* Thatcher est sortie de son silence pour apporter un soutien public à son vieil ami Augusto Pinochet, alors assigné à résidence dans le sud de Londres. Mais "Maggie" a un autre message à faire passer, presque son testament : "Au cours de ma vie, tous les problèmes sont venus du continent européen et toutes les solutions sont venues des nations anglophones à travers le monde". Ce jugement à l'emporte-pièce si caractéristique de Margaret Thatcher résume parfaitement cette conviction anglaise que l'Europe est à la source de tous les maux quand le monde anglophone (pour faire court : les Etats-Unis) fournirait tous les remèdes. Les vrais alliés, les vrais amis, ceux sur qui on peut compter en toutes circonstances... il ne faudrait pas aller les chercher sur l'autre rivage de la Manche mais au-delà des océans.

Europhobie et Francophobie
même combat !

Cette vision manichéenne d'une Europe du mal et d'une Amérique du bien est relativement répandue en Angleterre. Les partisans d'un retrait de l'Union Européenne ne représentent pas qu'une frange marginale de la population (36% se prononcent pour un retrait contre 51% en faveur du maintien, selon un sondage ICM réalisé en avril 2004). Régulièrement travaillé par les démons de l'euroscepticisme, le Parti conservateur est soupçonné de nourrir secrètement de tels projets. Un petit parti - le *UK Independance Party* - a fait de ce thème de la sortie de l'Union son unique cheval de bataille et réalise généralement de bons scores lors des élections européennes. Un journal à gros tirages comme le *Daily Telegraph* (900.000 lecteurs) préconisait, il y a peu encore, l'intégration du Royaume-Uni à l'Alena (l'accord de libre-échange avec les Etats-Unis, le Canada et le Mexique). A en croire les sondages, les partisans d'une rupture définitive des ponts avec Bruxelles seraient plus nombreux que les personnes favorables à la monnaie unique.

La menace d'un super-Etat européen, régulièrement agitée dans les journaux et les discours, joue constamment sur la peur d'une perte de l'identité britannique, ou plus précisément d'une perte de l'identité anglaise (les Gallois et les Ecossais se montrant bien plus "euro-enthousiastes" que les Anglais). Or ces prédictions millénaristes continuent de trouver un certain écho dans le pays, laissant ouverts tous les scénarios possibles. Trente ans après son adhésion au Marché commun, la Grande-Bretagne est toujours en proie aux mêmes hésitations : son arrimage à l'Union ne peut en effet être considéré comme ferme et définitif.

En annonçant, le 20 avril 2004, la tenue d'un référendum sur la future Constitution européenne, Tony Blair a placé le royaume face à un choix qui pourrait se résumer par la question martelée dans le tube des Clash : "Should I stay or should I go ?". Continuer avec l'Europe ou la quitter : le dilemme n'a pas été exactement posé en ces termes par le Premier ministre britannique... mais presque : "Il est temps de régler une fois pour toutes la question de savoir si ce pays, la Grande-Bretagne, veut ou non être au centre et au coeur du processus de décision en Europe. Il est temps de décider si notre destin est d'être un partenaire et un allié dirigeant en Europe ou de rester sur ces marges".[1]

Ce référendum de tous les dangers (moins d'un quart des Britanniques se déclaraient en faveur d'une Constitution européenne au moment de l'annonce)

(1) Discours de Tony Blair à la Chambre des communes, le 20 avril 2004.

sera la deuxième consultation populaire de ce type jamais organisée à l'échelle nationale dans l'histoire de cette monarchie parlementaire d'ordinaire traditionnellement méfiante - à l'inverse de la France - à l'égard de l'exercice plébiscitaire. A ce propos, on notera que le coup de poker de Tony Blair a été accueilli tièdement par Jacques Chirac : l'initiative blairiste a accru la pression sur un président français pas très chaud à l'idée d'emprunter la voie référendaire pour ratifier la future Constitution européenne. L'Elysée peut en outre s'attendre à de robustes négociations avec Londres : Blair pourra faire valoir à ses partenaires qu'il a besoin de leur aide dans sa périlleuse campagne référendaire. Autrement dit, le Premier ministre aura un argument de poids pour justifier son intransigeance sur ses fameuses "red lines" (les "lignes rouges" qu'en France on voit plutôt "jaunes") : la fiscalité, les régimes sociaux, la diplomatie.

Le 5 juin 1975, seulement dix-sept mois après l'adhésion de la Grande-Bretagne au Marché commun, le Premier ministre travailliste Harold Wilson avait, lui aussi, fait le pari du référendum espérant clore, une fois pour toutes, l'incessant débat britannique sur le maintien ou non dans l'Union (le oui l'avait emporté avec 63% des suffrages). Trente ans plus tard, le Royaume-Uni a beau avoir avancé sur la voie de l'intégration communautaire, les Britanniques peuvent bien acheter à tour de bras des résidences secondaires sur le continent, le style de vie à l'anglaise peut bien subir d'importantes mutations sous l'influence européenne... un énorme point d'interrogation continue de planer sur la participation britannique à l'UE.

Même si l'on a parfois le tort, en France, de considérer tous les Anglais comme d'irréductibles anti-européens, il ne fait pas de doute que les réflexes eurosceptiques restent, outre-Manche, plus naturels que les a priori europhiles. Tel l'âne de Buridan se laissant mourir de soif et de faim plutôt que de choisir entre un seau d'eau et un picotin d'avoine, la Grande-Bretagne continue de souffrir de ses interminables tergiversations. Trois décennies après leur adhésion à l'Europe, nul ne peut vraiment dire, à ce jour, si les Britanniques choisiront l'eau ou l'avoine. Il n'est pas totalement saugrenu d'imaginer qu'un gouvernement eurosceptique puisse, un jour, convaincre l'opinion publique que la marche forcée vers une Europe toujours plus "fédéraste" exige - devant le péril d'une dissolution de la nation anglaise - une rupture des ponts avec l'Union Européenne. De même, il est tout à fait envisageable qu'un gouvernement europhile réussisse à persuader des Britanniques, réputés pragmatiques, que l'adhésion à la monnaie unique est inéluctable vu le risque de marginalisation sur la scène européenne.

Pour l'heure le couple Blair-Brown (le ministre des Finances) avance sur ce terrain miné avec une prudence de Sioux. Le 09 juin 2003, le gouvernement britannique a renvoyé la décision sur l'organisation d'un référendum aux calendes grecques. Une fois encore, Londres a jugé qu'il était urgent d'attendre. Le matin même de ce nouveau report, anticipant le verdict très attendu du chancelier de l'Echiquier, *The Independent* était l'un des rares quotidiens anglais à regretter cette décision négative : "Aujourd'hui à 15h30, à la Chambre des communes, Gordon Brown va se lever pour répéter l'erreur historique des hommes d'Etat britanniques dans leurs relations avec le reste de l'Europe. Il dira, une fois encore, à nos partenaires : *Allez de l'avant, nous vous rattraperons plus tard... Si nous en avons envie*". Ce "wait and see" britannique est effectivement une constante dans l'histoire de la construction européenne. Dans les années qui suivirent la seconde guerre mondiale, les dirigeants britanniques opposèrent leur refus à tout projet significatif d'harmonisation économique avec les partenaires du vieux continent. Seule grande puissance européenne à n'avoir connu ni occupation, ni défaite, la Grande-Bretagne n'avait pas l'intention de s'abaisser à participer à une quelconque fédération de l'Europe démocratique. Encore à la tête d'un Empire de taille respectable, les Britanniques voulaient croire en leur destin de grande puissance.

En mars 1957, les traités de Rome créaient donc l'Euratom et le Marché commun sans les Anglais qui regardaient l'Europe se construire sous leurs yeux avec un mélange de condescendance, de suspicion et d'inquiétude. La Grande-Bretagne ne se contenta pas de se tenir à l'écart de l'Europe des six. Après avoir tenté en vain de faire capoter la création de la CEE, Londres lança un projet concurrent. En janvier 1960, le traité de Stockholm créait l'Association européenne de libre échange réunissant la Grande-Bretagne, la Suède, la Norvège, le Danemark, la Suisse, l'Autriche et le Portugal. Limitée dans ses objectifs et ses ambitions, l'AELE fit long feu. Au moment de se prononcer sur l'adhésion britannique à la CEE, le général de Gaulle n'oubliera pas ces tentatives de sabotage de la construction européenne.

Si aujourd'hui ce sont surtout les Conservateurs qui portent haut les couleurs de l'euroscepticisme, cette mission était naguère dévolue aux Travaillistes. Lors du congrès Labour de 1961, le leader Hugh Gaitskell n'hésita pas à parler du "sacrifice d'un millier d'années d'histoire" qu'impliquerait une adhésion à l'Europe communautaire. L'argument est aujourd'hui resservit quotidiennement par les forces du conservatisme britannique. C'est pourtant un conservateur, le très europhile Premier ministre Edward Heath, qui a convaincu son pays d'adhérer à la CEE.

Au 1er janvier 1973, le Royaume-Uni intègre, aux côtés de l'Irlande et du Danemark, ce qui devient alors l'Europe des neuf. Il s'agit moins d'un mariage de coeur que d'un mariage de raison. Depuis la crise de Suez en 1956, les Britanniques ont pris brutalement conscience de leur rétrogradation au rang de puissance moyenne. Les liens commerciaux avec le Commonwealth ne cessent de s'effriter tandis que l'AELE reste une coquille pratiquement vide. La Grande-Bretagne passe pour l'homme malade de l'Europe tandis que la France gaullienne et la République Fédérale d'Allemagne jouissent d'une prospérité économique sans précédent. Les Britanniques finissent par admettre que cette Europe qu'ils ont snobée quinze ans plus tôt peut leur apporter croissance et prospérité. L'heure est au pragmatisme plus qu'au sentimentalisme.

Le Royaume-Uni se montre rapidement un partenaire très coriace réclamant, seulement un an après son adhésion, une renégociation sur sa

contribution budgétaire, la Politique Agricole
Commune, le chômage, les questions réservées à la
souveraineté de chaque pays, les rapports avec le
tiers-monde. En décembre 1978, Londres se
singularise à nouveau en refusant de participer au
Système Monétaire. Comme l'écrit l'historien
Roland Marx[2] , "malgré sa 'conversion à l'Europe',
la Grande-Bretagne n'était manifestement pas encore
convaincue que son destin était à jamais lié au
continent".

Les dirigeants britanniques n'ont jamais cessé de
cultiver leur différence. En juin 1984, au sommet
européen de Fontainebleau, Margaret Thatcher
arrache le principe d'un rabais à sa participation au
budget de l'Europe. En février 1992, John Major fait
ratifier le traité de Maastricht après bien des
déchirements dans les rangs conservateurs. Obligé
de donner des gages au clan thatchérien, l'insipide
Premier ministre britannique obtient une clause
d'exception concernant l'union économique et
monétaire. La Grande-Bretagne est ainsi autorisée à
ne pas mettre en œuvre la politique sociale
européenne (notamment la directive fixant la durée
hebdomadaire maximale du travail à 48 heures).
L'un des premiers actes de Blair sera d'adopter ce

(2) *L'Angleterre de 1945 à nos jours*, Paris, Armand Colin,
1996.

volet social européen mis en suspens par son prédecesseur. A ce jour, la Grande-Bretagne reste à l'écart de l'espace Schengen. Cette convention, entrée en vigueur en 1995, a permis d'abolir les frontières intérieures entre les États signataires (au nombre de treize actuellement) et de créer une frontière extérieure unique où sont effectués les contrôles d'entrée pour toute la la zone. Se conformant à une attitude typiquement britannique, Londres a demandé en mars 1999 à participer à certains aspects de Schengen : la coopération policière et judiciaire en matière pénale, la lutte contre les stupéfiants et le système d'information... Mais sans pour autant rejoindre complètement le "club". Ni vraiment à l'intérieur, ni totalement à l'extérieur : telle est la position singulière que les Britanniques aiment occuper au sein de l'Europe. L'attitude attentiste de Londres aujourd'hui sur l'euro ne fait que confirmer cette règle de conduite.

La tiédeur britannique vis-à-vis de la construction européenne tranche avec l'euro-enthousiasme traditionnel de la France. Géographiquement, historiquement et politiquement au coeur de l'Union Européenne, la France n'imagine plus vraiment son destin en dehors de l'Europe. Certes la bureaucratie bruxelloise reste encore souvent perçue comme un monstre froid et lointain. Assurément, le lancement de l'euro accompagné d'une flambée des prix, n'a pas fait que des heureux dans l'Hexagone. Enfin, les discours souverainistes prédisant l'anéantissement de l'identité française continuent de trouver un certain écho. Mais, au bout du compte, l'Europe est acceptée comme un fait établi : un vaste ensemble avec ses avantages et ses inconvénients qu'il serait vain de remettre en cause. La paix et la stabilité, la libre circulation des biens et des personnes, la possibilité de vivre, de travailler et de bénéficier des régimes sociaux dans les autres pays sont mis au crédit de cette Europe initiée par le traité de Rome en 1957 et sans cesse développée depuis.

En Grande-Bretagne, le discours dominant (entretenu par la presse eurosceptique) empêche de percevoir pleinement les avantages d'une participation à l'Union. Seuls ressortent les aspects négatifs imaginaires ou avérés (gabegie bruxelloise, bureaucratie tatillonne, perte de souveraineté...). Un journal anglais préfèrera généralement consacrer un article ironique à la dernière directive européenne sur le calibrage des concombres ou la courbure des bananes plutôt que de mettre en avant les multiples avantages que procurent une participation à l'UE. Des dizaines de millions de touristes britanniques circulent chaque année à travers le continent sans la moindre tracasserie administrative, des dizaines de milliers d'entre eux achètent des résidences secondaires ou s'installent aujourd'hui en France, en Italie ou en Espagne avec une facilité déconcertante... et pourtant les journaux anglais s'obstinent à ne voir que les mauvais côtés de l'UE.

Il n'a pas échappé aux Britanniques que Paris a toujours joué un rôle moteur dans cette maudite construction européenne. Le nom d'un Français est associé à chaque avancée importante du projet européen : Robert Schuman et la Communauté européenne de l'acier et du charbon, Jean Monnet et le Marché commun, Valéry Giscard d'Estaing et l'élection du Parlement européen au suffrage universel direct puis le Système Monétaire Européen, Jacques Delors et l'Acte Unique Européen, François Mitterrand et le traité de Maastricht, à nouveau Giscard d'Estaing et la Constitution européenne. Pays pionnier de l'Europe communautaire, la France a joué dès le départ un rôle central quand la Grande-Bretagne cherchait à faire exploser le projet naissant. Après avoir finalement adhéré à la CEE, Londres n'a cessé de chercher à freiner l'avancée du train communautaire quand Paris appuyait gaiement sur l'accélérateur de l'intégration européenne. C'est l'insistance des Français (alliés aux Allemands) à faire de l'Europe autre chose qu'une vaste zone de libre-échange qui a constamment placé les Anglais en porte-à-faux, les plongeant dans un état proche de la schizophrénie. Sauter dans le wagon communautaire, c'était sacrifier un peu de sa souveraineté nationale et tourner le dos au "grand large". Laisser passer le train, c'était risquer l'isolement et la marginalisation en Europe. L'Angleterre a avancé à reculons sur le chemin de l'Union Européenne acceptant les progrès de l'intégration souvent à contre-temps, toujours à contre-coeur. Nul doute que les Britanniques se seraient contentés d'une structure plus lâche et moins contraignante lui permettant de maintenir ses liens privilégiés avec les Etats-Unis et le Commonwealth tout en tirant profit d'un vaste espace économique européen.

Cette divergence de vue sur ce que doit être l'Union Européenne persiste encore aujourd'hui. Paris privilégie l'idée d'un "noyau dur" permettant aux Etats qui le souhaitent d'aller plus loin sur la voie de l'intégration faisant valoir qu'il n'y a pas de raisons pour que les tenants d'une Europe moins intégrée bloquent cette dynamique. De son côté, Londres refuse une Union à géométrie variable synonyme, à ses yeux, d'une "Europe à plusieurs vitesses". Depuis le début de l'aventure européenne, Paris et sa posture "euro-intégrationniste" jouent quelque part un rôle de "mauvaise conscience" pour les Britanniques. En poussant vers plus d'intégration, la France les oblige à se "découvrir" et, bien souvent, à dire "non" ou "plus tard" au risque de passer systématiquement pour de "mauvais Européens". Dans ce sens, le grand tort de Paris aura été de mettre la pression sur l'Angleterre en la plaçant face à ses hésitations et ses contradictions vis-à-vis du projet européen. Dès lors, il n'est pas étonnant qu'europhobie et francophobie se soient confondus dans certains esprits britanniques.

Durant les années 80, Jacques Delors, alors président de la Commission européenne, était la tête de Turc favorite des Conservateurs et des tabloïds anglais. Deux décennies plus tard, ce sera au tour de VGE d'assumer le rôle du vilain Français européiste. En charge de la rédaction de la nouvelle Constitution européenne, l'ancien chef de l'Etat - le "roi soleil" ou le "roi de la corruption", c'est selon - est gratifié dans les journaux de portraits au vitriol ressortant du placard tous les scandales d'une présidence française pourtant achevée 20 ans plus tôt. "Il a eu une aventure avec une actrice porno, volé des diamants à un tyran africain et obtenu un siège de député pour sa maîtresse au Parlement européen. A présent, il veut priver la Grande-Bretagne de son mode de vie" écrit un *Daily Mail* particulièrement en verve.

Plus généralement, la France est accusée de noyauter l'Union Européenne pour servir ses propres intérêts et poursuivre ses rêves de grandeur. Devenue une puissance de second rang, la France instrumentaliserait l'Europe pour tenter de renouer avec la splendeur passée. "Si chaque homme d'Etat britannique rêve d'Empire, chaque homme d'Etat français rêve d'être Napoléon" écrit, dans le *Times*, l'éditorialiste Simon Jenkins. Une telle suspicion revient fréquemment dans le courrier des lecteurs : "Giscard d'Estaing et Chirac sont guidés par le désir d'achever le grand dessein de Napoléon consistant à placer toute l'Europe occidentale sous le contrôle d'un pouvoir économique et politique centralisé"[3], "Nous sommes inquiets de voir Tony Blair déterminé à ce que le Royaume-Uni rejoigne le super-Etat européen qui nous est proposé sans donner aux Britanniques l'opportunité de voter : il est visiblement peu inquiet de ce qui arrivera à la Grande-Bretagne quand elle sera devenue la province d'un super-Etat dominé par l'axe franco-allemand".[4]

Par nature vaniteux et dominateurs, les Français se seraient ainsi raccrochés à l'Union Européenne

(3) Le *Times*, 2 juin 2003.
(4) site internet de la BBC, 2003.

comme à une planche de salut pour entretenir leurs illusions de grandeur. Cette vision, un rien excessive, n'est pas forcément sans fondement. Depuis Valéry Giscard d'Estaing, les présidents français ont chacun joué à fond la carte de l'intégration européenne persuadés qu'il s'agissait là du meilleur moyen de faire entendre, suivant l'expression consacrée, "la voix de la France". Mais de là à imaginer une France nostalgique de l'Empire napoléonien cherchant à dominer l'Europe pour la faire marcher au pas comme au temps de la Grande armée, c'est tout de même s'amuser à se faire peur. Ce mythe est pourtant colporté en Grande-Bretagne dans le but évident d'entretenir la flamme de l'europhobie.

La foi européenne de la France serait également guidée par des motifs bien moins nobles que la recherche du lustre d'antan. Il faut bien l'admettre : la Grande-Bretagne n'est pas la seule à s'irriter de cette tendance française à se saisir de l'Europe comme s'il s'agissait de son joujou. En vertu de son ancienneté et de son rôle pivot au sein de l'Union, les gouvernements français successifs auraient la fâcheuse manie de se comporter en maîtres de maison (le reproche peut difficilement être adressé à des Britanniques qui ont pris l'habitude de rester sur la terrasse). Les Français seraient ainsi passés maîtres dans l'art de traire la vache bruxelloise.

A l'inverse, la Grande-Bretagne, dont le poids agricole n'est en rien comparable à celui de la France, a clairement le sentiment d'être désavantagée. Cette divergence d'intérêts sur la PAC conduira ainsi au fameux incident de Bruxelles entre Tony Blair et Jacques Chirac. "Nous sommes voisins, nous avons une histoire commune, nous partageons de nombreux intérêts. C'est parce que nous sommes pratiquement de la même famille que, parfois, des querelles assez vives, pareilles à des querelles familiales, surviennent" commente alors le *Foreign Secretary* Jack Straw pour dégonfler l'incident diplomatique.

Aux yeux du gouvernement britannique, la querelle sur la PAC a pourtant confirmé trois choses. Primo, le lobby paysan fait figure de vache sacrée en France, tout gouvernement français qui se respecte se doit de protéger les intérêts de ses agriculteurs, et plus largement ceux de toutes les catégories socio-professionnelles qui menacent de descendre dans la rue (c'est-à-dire à peu près toutes). Secundo, Paris joue de ses alliances (en particulier avec l'Allemagne) pour défendre ses avantages acquis. Tertio, la Grande-Bretagne paie là le prix de son attitude traditionnellement "semi-détachée" vis-à-vis de l'Europe : malgré une convergence de vue entre Allemands et Britanniques sur la question de la PAC, l'axe Paris-Berlin a été le plus puissant. C'est précisément à cette marginalisation britannique sur la scène européenne que Tony Blair veut mettre un terme.

Sous le leadership de ses deux prédécesseurs, Margaret Thatcher et John Major, l'attitude britannique a consisté à se tenir à une distance respectable de Bruxelles et à n'intervenir que pour freiner la dynamique, se singulariser et négocier des clauses d'exemption. Fatalement, la Grande-Bretagne n'a bâti, durant cette période, que des alliances de circonstance qui ne pouvaient sérieusement rivaliser avec le couple franco-allemand, autopromu "moteur de l'Europe". Premier ministre britannique le plus europhile depuis Edward Heath (1970-1974), Tony Blair cherche aujourd'hui à replacer Londres au coeur des décisions prises à Bruxelles.

Lors d'un vibrant plaidoyer en faveur de l'Europe, le 23 novembre 2001 à Birmingham, le Premier ministre britannique n'y va pas par quatre chemins et regrette ces "opportunités ratées au nom d'illusions" : "L'histoire de notre engagement en Europe est celle des occasions manquées. La tragédie de la politique britannique, c'est que les dirigeants ont systématiquement échoué à bien évaluer l'émergence de l'intégration européenne. En faisant cela, ils ont gravement porté préjudice aux intérêts de la Grande-Bretagne. Chaque fois que les Européens ont créé quelque chose, nous avons dit que ça n'arriverait pas, (...) que ça ne marcherait pas. Mais c'est arrivé, ça a marché, et nous sommes restés à la traîne". Sous le charme d'une telle profession de foi européenne, *Le Monde* va jusqu'à comparer Blair à Charles de Gaulle : "Il est Européen par réalisme et par patriotisme. Parce qu'il a *une certaine idée de la Grande-Bretagne*" s'enthousiasme l'éditorial du quotidien du soir se référant à la célèbre formule du général ("une certaine idée de la France").

Ce discours de Tony Blair est assurément un constat lucide sur les nombreux rendez-vous manqués par la Grande-Bretagne. Dans le passé, les Britanniques ont payé très cher, par exemple, le prix de leurs hésitations vis-à-vis du Système Monétaire Européen. Après avoir laissé passer le train du SME, lancé en 1979 à l'initiative de Paris, le Royaume-Uni a rejoint le serpent monétaire avec onze années de retard à une parité qui allait rapidement s'avérer inadaptée, conduisant à l'effondrement de la livre sterling (le fameux "black wednesday"). Pour Tony Blair, l'épisode illustre parfaitement les erreurs constamment répétées par ses prédécesseurs : tout d'abord une attitude de refus, puis un ralliement forcé à contre-temps et mal négocié, au bout du compte une situation dommageable pour la Grande-Bretagne. Le Premier ministre craint que l'histoire ne se répète à nouveau avec l'euro. Mais pour l'heure les exhortations de Tony Blair à adopter la monnaie unique se heurtent à un mur d'euroscepticisme.

Sondage après sondage, les Britanniques se déclarent majoritairement hostiles à l'euro. Il faut aussitôt préciser que la présentation de ces chiffres est souvent trompeuse : on retient habituellement de ces enquêtes d'opinion que, grosso modo, 20 à 25 % des Britanniques sont en faveur de l'euro, sous-entendu 75 à 80% y sont hostiles. En vérité, seul un gros tiers des sondés se dit opposé à la monnaie unique en toutes circonstances, autrement dit : "l'euro ? jamais !". Une majorité d'hésitants, qui penchent actuellement, pour le non disent ne pas avoir une position figée sur la question et pourraient encore changer d'avis. D'autant plus qu'une nette majorité se dit persuadée que la monnaie unique finira à terme par remplacer la livre sterling. Il faut certainement y voir la marque du pragmatisme que l'on prête volontiers aux Anglais : à contre-coeur mais, conscients de leurs intérêts sonnants et trébuchants, ils pourraient au final se résoudre à adopter la devise européenne. Il faudrait pour cela prendre la peine de chercher à les convaincre.

Encensé un peu vite par le journal *Le Monde*, Tony Blair n'a guère pris, depuis son discours de Birmingham, beaucoup de risques dans cette bataille de l'opinion. Pour justifier le report *sine die* d'un référendum sur l'euro, le Premier ministre brandit systématiquement les cinq fameux tests économiques[5] à remplir avant l'organisation d'une consultation populaire.

De l'avis général, ces cinq critères qui ont été, selon la légende, griffonnés à l'arrière d'un taxi bloqué dans les embouteillages, ne constituent qu'un rideau de fumée. Au final, la décision d'adopter ou non l'euro sera avant tout politique et dépendra de l'état de l'opinion britannique. Or il y a peu de chances de gagner une bataille que l'on ne mène pas. Jusqu'à présent Tony Blair n'a pas fait preuve d'une grande témérité sur la question de l'euro. Tony Blair a probablement laissé passer sa chance en 1997. Dans la foulée de sa victoire, au zénith des sondages, l'homme dont on disait à l'époque qu'il "marchait sur l'eau" aurait pu alors accomplir cet autre miracle : convertir les Britanniques à la

(5) La convergence entre l'économie anglaise et la zone euro, la flexibilité de l'économie anglaise, l'effet de l'entrée dans la zone euro sur l'investissement, la City de Londres et à plus long terme sur la croissance et l'emploi.

monnaie unique. Désormais plombé par sa douloureuse traversée du désert irakien, Blair ne dispose plus de ce capital de confiance nécessaire à la réalisation d'un tel prodige.

Le Premier ministre n'est guère aidé, il est vrai, par son chancelier de l'Echiquier et rival de longue date, Gordon Brown. Cet Ecossais ténébreux, dont on dit qu'il pourrait à terme hériter de la charge suprême, se fait de l'euro une opinon qui n'est pas précisément d'un enthousiasme communicatif. Autant dire que la perspective d'une adhésion britannique à la monnaie unique apparaît plus éloignée que jamais. La devise européenne a été lancée sans les Britanniques, elle continue de circuler sans eux et les tergiversations du gouvernement, tétanisé par des sondages peu engageants, semblent indiquer que la livre sterling a encore de beaux jours devant elle. La prétention blairiste à placer la Grande-Bretagne "au coeur de l'Europe" est forcément mise à mal par ce "wait and see" britannique sur l'euro. Comment en effet espérer jouer un rôle moteur dans l'Union Européenne quand on continue de bouder sa monnaie ? Dans une cruelle ironie, Tony Blair verra, peut-être un jour, son nom ajouté à la liste des Premiers ministres britanniques qui ont raté leur rendez-vous avec l'Europe... Précisément le reproche qu'il adressait à ses successeurs dans son discours de Birmingham.

Il faut admettre que l'attitude française n'est pas toujours le meilleur argument publicitaire pour "vendre" l'euro aux Britanniques. La désinvolture de la France concernant ses déficits publics a fait très mauvais effet dans un pays attaché à une certaine orthodoxie budgétaire. L'attitude hexagonale a confirmé trois points qui nourrissent la suspicion traditionnelle de la Grande-Bretagne vis-à-vis des règles communautaires : 1) l'absence de rigueur éconnomique dans l'euroland. 2) le manque de fiabilité d'une France incapable de tenir ses engagements (lors de la signature du traité d'Amsterdam, Jacques Chirac avait été le défenseur le plus ardent du pacte de croissance et de stabilité). 3) l'impuissance de Bruxelles face à un couple franco-allemand qui n'en fait qu'à sa tête.

Les Français adorent décrire les Anglais comme d'irréductibles europhobes toujours prêts à prendre le large et à se réfugier dans les bras des Américains. Il faudrait parfois se demander pourquoi une certaine attitude française ne donne pas toujours envie de s'arrimer solidement au continent européen. Les résultats de la Grande-Bretagne en matière d'emploi (taux de chômage inférieur de moitié à celui de la

France), son niveau de croissance et sa relative rigueur budgétaire l'incitent à réfléchir à deux fois avant de lier son destin économique à la France et à l'Allemagne. Comment prendre au sérieux deux Etats qui, lorsque les règles édictées par leurs soins ne leur conviennent plus, se refusent à les observer sans se soucier de ce qu'en penseront leurs partenaires européens ?

Comparé à ses prédecesseurs, Tony Blair passe pour un europhile convaincu, il n'est pourtant en rien un fédéraliste ("Il faut que l'Europe soit une union de nations, et non pas les *Etats-Unis d'Europe*")[6]. S'il cherche à peser de tout son poids dans les institutions européennes, c'est précisément pour empêcher la dérive vers une Europe trop fédérale, projet secret que Londres prête souvent à Paris et Berlin. Le chef du New Labour applique là le précepte trotskyste (pas vraiment une de ses références favorites) suivant lequel il vaut mieux être membre d'une organisation si on veut la contrôler. Fort de ce principe, il a décidé d'agir de l'intérieur à l'inverse de ce que faisaient ses prédecesseurs. Tony Blair innove donc en disputant le leadership européen au président français et en cherchant à imposer ses propres vues sur le fonctionnement de l'Europe.

(6) *Mon Europe* par Tony Blair, *Le Monde,* 28 avril 2004.

Cette nouvelle donne n'est sans doute pas étrangère aux vives tensions franco-britanniques exposées en plein jour durant l'année 2003. La France s'était habituée à voir la Grande-Bretagne rester dans son coin et s'en accommodait fort bien. Londres occupait une place à part, négociait des exemptions et, au bout du compte, se tenait à l'écart de l'épicentre européen laissant les mains à peu près libres à la France et à l'Allemagne. La rupture avec cette habitude "isolationniste" de la Grande-Bretagne sur la scène européenne a bousculé ce subtil équilibre.

Après avoir essayé, sans grand succès, de concurrencer l'axe Paris-Berlin en ouvrant un nouvel axe Londres-Berlin, le Premier ministre britannique a joué la carte hispano-italienne fort de ses liens privilégiés avec ses amis José Maria Aznar et Sylvio Berlusconi. Comme pour mieux souligner les tentations hégémoniques franco-allemandes, Londres aimait alors rappeler que l'Europe ne se résumait pas à 60 millions de Français et 80 millions d'Allemands. Avec ce nouveau jeu d'alliances, Tony Blair espérait pousser l'Union vers un sens plus conforme aux aspirations britanniques, c'est-à-dire vers une Europe qui ne ressemblerait ni de près ni de loin à un quelconque Etat supra-national.

Europhobie et Francophobie
même combat !

Tony Blair n'a jamais repris à son compte l'expression "vieille Europe" pour désigner la France et l'Allemagne (l'Angleterre, il est vrai, n'est pas une nation particulièrement "jeune"), mais très clairement il œuvre pour donner à l'Union une nouvelle dynamique qui romprait avec le vieil équilibre européen jusque là dominé par Paris et Berlin. Dans un violent réquisitoire contre la politique européenne de la France, l'économiste Nicolas Baverez[7] rejoint une critique, très répandue en Grande-Bretagne, sur le prétendu duopole franco-germanique : "Le couple franco-allemand, abusivement présenté comme le seul moteur possible de l'Union européenne s'est ainsi dégradé, durant les dix années qui séparent le traité de Maastricht de la Convention européenne, en un rituel vide de sens. Chacun des deux partenaires s'est replié sur des logiques purement nationales et a cherché tour à tour à nouer des alliances de revers contre l'autre, notamment avec le Royaume-Uni, qui ont puissamment contribué à discréditer le projet européen et à l'avortement des traités d'Amsterdam et de Nice".

Après s'être brouillé avec Schröder et surtout avec Chirac sur le dossier irakien, Blair s'est empressé de renouer les fils du dialogue avec Berlin et Paris. Au

(7) Nicolas Baverez, *La France qui tombe*, Paris, Perrin, 2003.

risque de décevoir ses autres partenaires européens, souvent excédés par l'hégémonisme franco-germanique, le Premier ministre britannique se montre friand de ces sommets tripartites, possible préfiguration d'un "club des trois grands" en Europe. Cette coopération franco-germano-anglaise peut à l'occasion porter ses fruits comme cette initiative trilatérale d'octobre 2003, lorsque les trois ministres des Affaires étrangères arrachèrent, à Téhéran, un accord de la République Islamique sur le respect de ses engagements nucléaires. Le succès de la démarche, accueillie tiédement à Washington, démontre qu'en dehors de la diplomatie américaine il peut y avoir un salut.

Réaliste, Tony Blair semble être arrivé à la conclusion que pour peser en Europe la participation à ce "triumvirat" est inévitable. Une telle attitude semble reposer sur un choix plus tactique qu'idéologique (l'irritation britannique devant la prétention franco-allemande à tout régenter n'a pas disparu comme par enchantement) : une solidarité entre "grands" face aux "petits" peut s'avérer bien utile à la Grande-Bretagne, surtout dans une Union élargie. Mais Tony Blair a aussi toutes les raisons de placer beaucoup d'espoirs dans la nouvelle Europe de 2004. L'arrivée des dix nouveaux Etats-membres peut faire suivre à l'UE une évolution plus conforme à la vision britannique. Londres a toujours été favorable à un élargissement de l'Europe, celui-ci rendant plus difficile la marche vers l'intégration et *in fine* vers un fédéralisme si redouté au nord de la Manche.

A l'inverse, les Français ont toujours privilégié l'approfondissement, Paris craignant une paralysie du projet européen sous le poids d'un trop grand nombre de participants. Le Premier ministre britannique voit l'arrivée des pays de l'Est avec un oeil d'autant plus approbateur que les Etats de l'ancien bloc soviétique sont - en raison de leur histoire - à la fois rétifs à toute centralisation excessive et plutôt atlantistes. En témoigne leur ralliement très public sous la bannière étoilée au moment de la guerre en Irak. Vertement tancés par Jacques Chirac, stupéfait par l'impudence des petits nouveaux, les futurs membres de l'UE reçurent immédiatement le soutien très public de Tony Blair assumant là le beau rôle. "Après tout, qui pourrait prétendre interdire à la Pologne, la République tchèque, la Slovaquie, la Lituanie etc... d'exprimer leur point de vue ?" avait fait valoir en substance le chef du gouvernement britannique. Dans la chaleur du moment, c'était une façon transparente d'indiquer à Jacques Chirac qu'il n'était pas le seul maître à bord (Paris a d'ailleurs soupçonné Londres d'avoir manigancé cette initiative de soutien des pays de l'Europe orientale à la coalition anglo-américaine).

En se posant d'entrée de jeu en défenseur de cette "nouvelle Europe" contre la "vieille Europe", Tony Blair s'est assuré de solides soutiens à l'Est. L'élargissement pourrait à terme conduire à une redistribution des cartes et à un nouvel équilibre européen, l'influence franco-germanique se trouvant, elle, plus diluée dans cette Europe à 25. Soupçonné par l'Elysée de vouloir jouer les chefs de file en Europe, Tony Blair a effectivement une bonne carte à jouer dans cette Union version 2004. Si telles sont bien ses ambitions, la partie ne sera pas si facile : Jacques Chirac n'a pas l'intention d'inaugurer les chrysanthèmes sur la scène européenne. Cette lutte d'influence restera-t-elle dans le cadre de la "confiance cordiale" que les "meilleurs ennemis" se sont promis de respecter après le traumatisme de l'affaire irakienne ? Rien n'est moins sûr.

Chapitre 6

L'Océan Atlantique les sépare...

*"Dans la vie, il ne faut pas confondre les amis avec
les sycophantes. Mieux vaut avoir quelques
amis plutôt que beaucoup de sycophantes.
Et je vous dis que la France se considère
elle-même comme l'un des amis des
Américains, mais pas nécessairement
comme l'un de ses sycophantes"*
(Jacques Chirac sur l'Irak)

*"Les gens me disent : vous faites ceci parce
que les Américains vous disent de le faire.
Je leur répète : c'est pire que cela. J'y crois"*
(Tony Blair sur l'Irak)

"Chaque fois que nous devrons choisir entre l'Europe et le grand large, nous choisirons le grand large". La célèbre apostrophe de Winston Churchill au général de Gaulle rentre dans la catégorie de ces grandes citations historiques tellement répétées qu'elles s'imposent comme des vérités officielles.

Il faut pourtant rappeler qu'en évoquant "le grand large", le vieux lion avait à l'esprit le Commonwealth et l'Empire britannique tout autant que l'Amérique. Si, malgré tout, la remarque churchillienne garde encore de sa pertinence, elle ne peut résumer à elle seule la "special relationship" entre Londres et Washington. La "relation spéciale" apparaît souvent bien plus complexe qu'un simple rapport de subordination des Britanniques aux Etats-Unis, suivant le bon vieux cliché - cher aux Français - d'une Angleterre "51ème Etat d'Amérique" et par là même "cheval de Troie des Américains en Europe". Ceci étant dit, cette vision n'est pas sans fondement, tant s'en faut : le passé comme le présent peuvent légitimer le reproche de "suivisme" adressé au voisin britannique. L'alignement de Tony Blair sur l'administration Bush durant la crise irakienne n'a-t-il pas fourni des arguments supplémentaires à tous ceux qui ne veulent voir en la Grande-Bretagne qu'un pays satellite de "l'Empire" américain ? Régulièrement caricaturé, dans son pays et à l'étranger, comme la "marionnette", le "caniche", le "laquais" ou le "porteur de valises" du président américain, le principal intéressé ne paraît guère souffrir de cette humiliante description. Quelque part, Tony Blair semble fier d'être le "brillant second" des Etats-Unis, rang que la Grande-

Bretagne s'est résignée à occuper au sortir de la deuxième guerre mondiale. L'histoire contemporaine des relations anglo-américaines vient pourtant nuancer cette vision d'une Angleterre servile à la botte de l'oncle Sam.

Le schéma généralement admis est celui d'une Amérique va-t'en guerre docilement suivie par le fidèle allié britannique. A ceux qui imagineraient volontiers ce suivisme inscrit dans le patrimoine génétique des Anglais, il n'est pas inutile de rappeler quelques antécédents prouvant que la Grande-Bretagne a su, à l'occasion, s'écarter de la ligne fixée par Washington. Ainsi, à la fin des années 60, le Premier ministre travailliste Harold Wilson résista aux pressions de l'administration Johnson en refusant d'envoyer au Vietnam un contingent britannique (le chef du gouvernement britannique se garda toutefois de condamner l'intervention américaine se contentant d'émettre des "réserves"). Il est d'ailleurs ironique de constater qu'à l'époque la Grande-Bretagne avait été vilipendée par la presse conservatrice américaine pour sa monstrueuse ingratitude. L'allié britannique était accusé d'avoir oublié le sacrifice de ces dizaines de milliers de braves soldats américains venus se faire tuer loin de chez eux. Les années passent, les arguments ne changent pas : trente ans plus tard, lors du bras de fer franco-américain sur l'Irak, les mêmes critiques fuseront en direction de cet allié français amnésique incapable de rembourser le prix du sang versé par les GI's sur les plages de Normandie. La presse anglaise s'associera à ces reproches oubliant un peu vite que la Grande-Bretagne avait subi, pour des raisons identiques, les mêmes avanies trois décennies plus tôt.

En octobre 1983, même la très atlantiste Margaret Thatcher prit le risque de fâcher son ami "Ronie" après l'invasion de la Grenade par les US marines. Furieuse d'avoir été placée devant le fait accompli, la Dame de fer désapprouva publiquement cette intervention militaire américaine qu'elle jugeait illégitime. L'opération pouvait bien avoir renversé un régime marxiste pur sucre, Londres jugeait insupportable cette agression caractérisée contre un pays membre du Commonwealth. Une fois encore, la Grande-Bretagne se vit reprocher son manque de gratitude. Quelques mois plus tôt, l'administration Reagan n'avait-elle pas apporté (après avoir tergiversé) une aide précieuse au gouvernement britannique dans la guerre des Malouines ?

Contrairement à l'image trop souvent véhiculée en France, les chefs de gouvernements britanniques n'agissent pas toujours comme d'obéissants ambassadeurs chargés de relayer la voix de leur maître sur le vieux continent. C'est ainsi que de 1970 à 1974, le Premier ministre conservateur Edward Heath ancra résolument la Grande-Bretagne au sein de l'Europe en tournant le dos à la "special relationship". Cet Européen convaincu qui avait milité pour l'adhésion du Royaume-Uni à la CEE n'appréciait guère le ton paternaliste de l'administration Nixon. Il voulait, en outre, prouver à ses partenaires européens (et en particulier à la France) que Londres n'était pas le petit télégraphiste de la Maison Blanche. Le précédent prouve que le choix du "grand large" n'est pas une vérité absolue même si, depuis Heath, aucun Premier ministre britannique n'a sacrifié aussi ouvertement la "relation spéciale" sur l'autel de l'Europe.

Même Tony Blair, aujourd'hui marqué de façon indélébile comme le "ministre des Affaires étrangères de George Bush" selon l'expression de Nelson Mandela, peut argumenter que ses choix sont dictés par un atlantisme et une europhilie parfaitement balancés. N'a-t-il pas accepté de mettre sur les rails l'Europe de la défense lors du sommet franco-britannique de Saint-Malo (décembre 1998) au risque de déplaire à des Américains inquiets de voir naître une future armée européenne concurrente de l'Organisation du Traité de l'Atlantique Nord ?

Aux yeux de Blair, puissance américaine et européenne ne sont pas contradictoires mais complémentaires. "Il est parfaitement possible pour l'Europe de devenir plus puissante, mais comme une alliée et une partenaire des Etats-Unis" confie-t-il, en avril 2003, au *Financial Times,* résumant là sa "doctrine" concernant les rapports avec les Etats-Unis, "Le meilleur moyen pour l'Europe de progresser est d'être la partenaire de l'Amérique, non sa rivale". On touche là à une divergence fondamentale entre la Grande-Bretagne et la France dans l'approche du lien transatlantique. Depuis la fin de la seconde guerre mondiale, et en particulier depuis le fiasco de l'expédition de Suez en 1956[1], Londres a accepté sa relégation au rang de puissance moyenne et s'est rangé avec armes et bagages sous la bannière étoilée. A l'époque, la vieille Angleterre vient de faire une croix sur son Empire et arrive à la conclusion que seuls les Etats-Unis sont véritablement en mesure de protéger le monde libre contre la menace soviétique (comme ils le firent face à la barbarie hitlérienne).

(1) Les Français accusèrent les Britanniques de "lâchage" sous la pression américaine, incriminant notamment la faiblesse des nerfs du Premier ministre Anthony Eden.

En clair, les Britanniques acceptent le leadership américain comme une donnée évidente qu'il serait vain de remettre en cause. Londres semble même avoir accepté le caractère dissymétrique de la relation anglo-américaine et les petites humiliations qui l'accompagnent. Quand John Major était au 10 Downing Street et Bill Clinton à la Maison Blanche, ce dernier (qui n'appréciait guère le Premier ministre britannique) se moquait ouvertement du concept de "relation spéciale". "La relation est par essence asymétrique dans la mesure où Londres a beaucoup plus d'intérêts à approuver ce que Washington dit et fait que l'inverse" écrit le journaliste britannique Peter Ridell.[2] Tony Blair considère pourtant qu'il a réussi à rétablir un certain équilibre dans les relations transatlantiques à la faveur de ses relations privilégiées avec Bill Clinton puis George Bush.

Vu de Paris, ce prétendu rééquilibrage dans les rapports anglo-américains n'est qu'une parfaite illusion. Il s'agirait là d'une relation en trompe-l'oeil : les Etats-Unis se serviraient de la Grande-Bretagne comme d'une caution bien commode pour répondre aux accusations d'unilatéralisme. Facultative bien qu'utile sur le plan militaire, la

(2) Peter Ridell, *Hug them Close*, 2003, op. cit.

participation britannique au conflit irakien a surtout eu l'énorme avantage, du point de vue diplomatique, de ne pas réduire la guerre à un cavalier seul des Etats-Unis. Comment cette alliance pourrait-elle être équilibrée, fait-on valoir dans les cercles diplomatiques français, quand la relation anglo-américaine suppose un alignement préalable de l'Angleterre sur les positions de Washington ?

La France refuse de remplir cette fonction supposée de chambre d'enregistrement des volontés américaines. Les gouvernements successifs continuent d'être influencés par une approche gaulliste des relations franco-américaines. S'il n'est pas question de remettre en cause cette alliance avec la superpuissance, la France ne peut accepter de se soumettre à un lien de subordination. Serge Berstein [3] résume ainsi la doctrine gaulliste : "Ce que refuse de Gaulle, c'est que le sort du monde soit réglé unilatéralement par les deux super-Grands, en considérant que les autres Etats ne sont que des cartes dans la partie qu'ils jouent l'un contre l'autre. Et contre cet 'Esprit de Yalta' (du moins est-ce l'interprétation que le général de Gaulle en donne) il revendique le droit des nations de faire valoir

(3) Serge Berstein, *La France de l'expansion*, Le Seuil, Paris, 1989.

et défendre leurs intérêts". En particulier, de Gaulle n'est pas persuadé que la menace nucléaire américaine suffirait à protéger la France contre une possible attaque soviétique. Partant du principe que l'on est jamais mieux défendu que par soi-même, le général donne un coup d'accélérateur au programme d'armement nucléaire français. Le summum de l'indépendance militaire vis-à-vis des Etats-Unis est atteint, en 1966, quand la France retire toutes ses unités du commandement intégré de l'Otan. De Gaulle ordonne même l'évacuation de toutes les troupes étrangères basées sur le territoire français. Furieux, l'ambassadeur américain à Paris demandera alors au chef d'Etat français si l'ordre d'évacuation vaut également pour les soldats américains enterrés en Normandie...

L'anti-américanisme supposé des Français est inévitablement une source constante d'irritation pour les Britanniques. Vu du côté anglais, l'attitude française vis-à-vis des Etats-Unis s'apparente à la posture ridicule du coq gaulois se dressant fièrement sur ses ergots sans pouvoir sortir le moindre son de sa gorge. (Nicolas Baverez n'est pas loin de partager ce point de vue : "La crise irakienne a cristallisé les contradictions de la diplomatie française, dont l'action est tout entière contenue dans le slogan "beaucoup de bruit pour rien").[4] La France peut bien se gargariser de formules grandiloquentes et brandir sa prétendue indépendance à la face du monde, ne finit-elle pas toujours par rentrer dans le rang ? En 1991, l'allié capricieux avait fait mine d'hésiter avant de rejoindre la coalition mise sur pied par George Bush Sr pour déloger l'armée de Saddam Hussein du Koweit. En 1999, le gouvernement français avait produit les mêmes irritantes minauderies diplomatiques avant de participer à l'effort de guerre visant à mettre un terme aux horreurs de Slobodan Milosevic dans la province du Kosovo. Assurément, la seconde guerre du Golfe n'échapperait pas à la règle : en se faisant un peu prier, la France finirait par rejoindre la coalition avec armes et bagages. Cette perception britannique d'une France jouant les divas avant de marcher au pas va conduire à l'erreur magistrale de Tony Blair. Le Premier ministre est persuadé, malgré l'hostilité affichée et répétée de Chirac à la solution militaire, que les Français s'engageront avec armes et bagages dans le conflit ou du moins qu'ils ne s'y opposeront pas. La suite lui prouvera le contraire.

Au nord de la Manche, la France est regardée comme la grenouille (forcément) de la fable qui veut devenir plus grosse que le boeuf. Toujours prompts à se penser plus importants qu'il ne le sont - et en plus

(4) Nicolas Baverez, *La France qui tombe*, Perrin, Paris, 2003.

à le faire savoir bruyamment - les Français ont le don d'irriter une Angleterre persuadée d'avoir la tête mieux vissée sur les épaules. Plus réalistes et moins prétentieux, les Anglais auraient accepté le rapport de force (et donc leur rétrogradation au rang de puissance moyenne) quand la France continuerait de vivre dans l'illusion donquichottesque de sa gloire passée. "La France vit dans l'extraordinaire fantasme qu'elle est encore, quelque part, une puissance mondiale" écrit Stephen Glover, éditorialiste au *Daily Mail*, "Elle ne peut faire face à la réalité que, bien que s'étant retirée du commandement intégré de l'Otan durant la guerre froide, elle est restée tributaire de l'organisation en général et de l'Amérique en particulier. Son propre arsenal nucléaire - la force de frappe - n'aurait pas, à l'époque, fait peur à une souris, sans même parler de l'Union Soviétique. En réalité, la France se cache derrière le bouclier nucléaire protecteur des Etats-Unis tout en insistant sur sa propre indépendance, se laissant aller à des crises périodiques d'anti-américanisme".

En France, taper comme un sourd sur les Etats-Unis a toujours été un bon moyen pour un homme politique de soigner sa courbe de popularité. D'Arlette Laguiller à Jean-Marie Le Pen, en passant par François Hollande et Jacques Chirac, l'anti-américanisme est la valeur la mieux partagée de la classe politique française. Adopter une attitude bravache (voire un rien poujadiste) vis-à-vis de la puissante Amérique nuit rarement à l'image d'un homme politique français. "La classe politique française se définit elle-même comme anti-américaine" juge Jack Straw, le chef de la diplomatie britannique, "Cela a été une névrose constante chez elle depuis des décennies. Je trouve cela bizarre".[5]

Cette "névrose" française, autrement dit cet anti-américanisme gaulois, pose malgré tout une question de fond : faut-il systématiquement s'aligner sur un pays en raison de sa seule puissance ? Autrement dit : la raison du plus fort serait-elle toujours la meilleure ? Les Britanniques ont plutôt tendance à inverser l'interrogation et à se demander s'il est bien sage de s'opposer à un pays à cause de sa puissance ? La raison du plus fort serait-elle toujours la plus mauvaise, comme tendraient à le croire ces incorrigibles Gaulois ? Cet anti-américanisme supposément primaire des Français n'est pas seulement accueilli, outre-Manche, par un mélange d'incrédulité et d'irritation. Beaucoup de

(5) Septembre 2003, interview dans un documentaire télévisé de la BBC sur les relations franco-britanniques : "With friends like these : Affairs with the French".

Britanniques admirent secrètement la France d'avoir le front de tenir tête aux Américains quand leur pays traîne cette réputation peu flatteuse de céder au moindre désir de Washington. On peut même se demander si cette posture française ne réveille pas un certain malaise britannique ? La rébellion de la France face aux Etats-Unis vient en effet rappeler que le suivisme atlantiste n'est pas une fatalité. Cette résistance hexagonale à la loi du plus fort jette une lumière plutôt crue sur ce qui est vu, à tort ou à raison, comme l'humiliante docilité de l'Angleterre face à "l'impérialisme yankee".

Pour ne rien arranger, la loyauté britannique n'est pas toujours payée de retour, loin s'en faut. Après la victoire militaire écrasante des forces de la coalition en Irak, l'allié fidèle de l'Amérique pouvait s'attendre à être généreusement récompensé pour son dévouement zélé. Tony Blair n'avait-il pas pris tous les risques politiques imaginables pour accompagner les Etats-Unis sur le chemin de la guerre ? Au final, les compagnies américaines se sont octroyé la part du lion de la reconstruction irakienne tandis que les entreprises britanniques se trouvaient à peine mieux loties que leurs concurrents français, allemands et canadiens écartés d'office des appels d'offre pour cause d'opposition à la guerre (avec le recul, les "exclus" peuvent d'ailleurs se réjouir d'avoir été bannis du bourbier irakien).

L'alliance critique n'est assurément pas la stratégie favorite de Tony Blair. Le Premier ministre britannique préfère croire en sa doctrine du "pont" entre l'Amérique et le continent européen. Blair "l'euro-atlantiste" se pense idéalement placé pour rapprocher deux mondes régulièrement séparés par un océan de différences et d'incompréhensions. Ce fameux "pont" est la cible régulière de plaisanteries peu charitables dans les chancelleries françaises où l'on regrette que l'ingénieur des ponts et chaussée n'ait pas prévu une voie à double-sens. Car si les efforts de Tony Blair pour plaire à l'administration Bush sont bien visibles, les concessions américaines arrachées par Londres s'avèrent souvent bien plus discrètes pour ne pas dire quasi-inexistantes. Le locataire du 10 Downing Street peut se vanter d'avoir ses entrées à la Maison Blanche, se réjouir de sa cote de popularité himalayenne aux Etats-Unis mais, au final, quels sont les résultats concrets de cette diplomatie de "l'appeasement" auprès de l'administration Bush ? "Quasi-nuls" répond en substance l'universitaire Philippe Marlière : "Du supposé rôle de 'modérateur', le Premier ministre britannique est clairement passé à celui de 'facilitateur' de guerre (...) Loin de modérer l'ardeur belliciste de George Bush, Tony Blair ne fait que renchérir sur la rhétorique guerrière du président américain" (*Libération*, 10 février 2003).

Pour des raisons évidentes (vu le fiasco diplomatique), Tony Blair se garde aujourd'hui de rappeler trop souvent que c'est en partie sous sa pression que le président américain a accepté d'emprunter la voie onusienne avant l'entrée en guerre contre l'Irak. N'était-ce pas là la reconnaissance de son influence à Washington ? N'avait-on pas obtenu la preuve qu'un dialogue constructif pouvait amener l'Amérique à se conformer aux règles du droit international ? Il faut une bonne dose de malice ou d'aveuglement pour revendiquer une telle "victoire". Comment croire en effet que la décision de faire parler les armes n'était pas déjà prise à Washington avant même le début du processus onusien ? Qui peut sérieusement accepter l'idée que les Etats-Unis auraient renoncé à l'action militaire si les Nations-Unies avaient refusé d'appuyer leur stratégie militaire ? De la même façon, Tony Blair a été prompt à mettre sur le compte de son influence la naissance de la "feuille de route" pour une paix israélo-palestinienne. Trop heureux de pouvoir offrir à une base travailliste déboussolée cette "road map" en échange d'un engagement militaire en Irak, le Premier ministre britannique n'a guère paru se préoccuper du "service après-vente". Acceptée dans le principe par Washington peu avant l'invasion de l'Irak, la "feuille de route" (censée conduire à un Etat palestinien viable) devait rester lettre morte au cours d'une année marquée par les attaques terroristes palestiniennes et l'intransigeance israélienne.

Le 14 avril 2004, en visite à Washington, Ariel Sharon présente alors "sa" solution pour sortir de l'impasse : une évacuation de Gaza conditionnée au maintien de la plupart des colonies juives en Cisjordanie. Ce plan unilatéral revient à inscrire dans le marbre les frontières d'Israël nées de la guerre des six jours (juin 1967), limites jusque là non reconnues par la communauté internationale. Le plan enterre *de facto* la perspective, pour de nombreux réfugiés palestiniens, de retourner sur leurs terres. George Bush salue ce plan "historique et courageux" sans se soucier de ce qu'en pense le reste du monde sans même parler des Palestiniens. Suivant Ariel Sharon de quelques jours à la Maison Blanche, Tony Blair se distingue une fois encore de ses partenaires européens (en particulier de Jacques Chirac qui a mis en garde contre un "précédent dangereux") en s'alignant peu ou prou sur la position de George Bush.

Deux semaines plus tard, le Premier ministre s'attire les foudres des diplomates britanniques par nature si discrets. Initiative exceptionnelle, 52 anciens ambassadeurs expriment publiquement leur malaise sous la forme d'une lettre ouverte appelant Tony Blair à infléchir la politique américaine sur l'Irak et le conflit israléo-palestinien. Nul n'est besoin d'être un exégète pour comprendre que ces diplomates de haut rang jugent que la prétendue influence britannique dont se repaît le 10 Downing Street a été jusque là très marginale : "Nous partageons votre opinion que le gouvernement britannique a un intérêt à travailler aussi étroitement que possible avec les Etats-Unis sur chacun de ces dossiers et à exercer une influence réelle en tant qu'allié loyal. Nous croyons que la nécessité de faire jouer cette influence relève maintenant de la plus grande urgence. Si celle-ci est inacceptable ou n'est pas la bienvenue il n'y a pas de raison pour soutenir des politiques qui sont vouées à l'échec".

Auteur d'un brûlot[6] accusant l'administration Bush d'avoir été omnubilée par l'Irak au point d'ignorer la menace d'Al Qaïda avant le 11 septembre, l'ancien responsable de la lutte

(6) Charles Clarke, *Against all enemies*, 2004

antiterroriste à la Maison Blanche juge, lui aussi, marginale l'influence du Premier ministre. Richard Clarke concède que, sans les pressions de Blair sur Bush, Washington n'aurait peut-être pas emprunté la voix onusienne ni forcément accepté "la feuille de route" israélo-palestinienne. Mais c'est pour conclure aussitôt que le chef du gouvernement britannique est sorti les mains pratiquement vides de l'épisode irakien : "Il n'y pas eu grand chose qui a suivi. Je ne pense pas que les *Brits* ont obtenu grand chose. Ils n'ont eu de notre part que le strict minimum".

Après le 11 septembre 2001, Tony Blair avait juré de se tenir "épaule contre épaule" avec George Bush... l'expression laissait entendre que l'Amérique pourrait compter sur le soutien britannique en toutes circonstances. Le moins que l'on puisse dire, c'est qu'il n'a pas manqué à sa parole. Malgré son indéfectible loyauté, le Premier ministre britannique est pourtant, aujourd'hui, bien en peine de pointer les concessions significatives qu'il a arrachées à l'Amérique unilatéraliste de Bush. En 2000, la "relation spéciale" n'a pas pesé bien lourd face au lobby des pollueurs américains. Quand George Bush refuse de ratifier le protocole de Kyoto sur la réduction des émissions des gaz à effet de serre rendus responsables du réchauffement de la planète et de nombreuses catastrophes naturelles, Londres condamne timidement ce bras d'honneur adressé à la planète entière. Les "entrées" de Tony Blair à la Maison Blanche ne sont d'aucun secours pour ramener l'ami des pétroliers texans à de meilleures intentions.

George Bush ne semble guère se soucier de l'amitié anglo-américaine quand il impose unilatéralement, en mars 2002, une taxe de 30% sur les importations d'acier qui pénalise lourdement la métallurgie européenne en général et britannique en particulier. Cet acte flagrant de protectionnisme de la part d'un pays qui se veut le chantre du libre-échange ne suscite qu'une inaudible désapprobation de la part du gouvernement britannique. Pour faire reculer Bush, un an et demi plus tard, il faudra recourir à la manière forte : une condamnation de l'Organisation Mondiale du Commerce et une menace de guerre commerciale avec l'Union Européenne.

Sur le dossier sensible des organismes génétiquement modifiés, on retrouve la même préoccupation blairiste de ne pas braquer l'Amérique. Le 1er juin 2003, le *Sunday Times* publie un mémo du Foreign Office montrant que la Grande-Bretagne cherche à faire pression sur Bruxelles pour empêcher l'inscription d'une mention "OGM" trop visible sur les produits commercialisés en Europe. La raison est écrite noir sur blanc dans la note officielle : il s'agit de "minimiser les risques" de mécontenter les Etats-Unis. Le droit à l'information du consommateur européen passerait-il après les intérêts des céréaliers américains ?

Tony Blair a de plus en plus de mal à convaincre son monde qu'il est engagé dans un dialogue un tant soit peu critique avec George Bush. "Quels sont les résultats tangibles de toutes ces cajoleries diplomatiques ?" sont en droit de se demander les détracteurs du "pont à sens unique". De son côté, Londres peut rétorquer qu'une attitude de confrontation "à la française" s'est avérée stérile et a même eu pour effet de renforcer les tendances unilatéralistes de Washington. "Ceux qui craignent le soi-disant 'unilatéralisme' de l'Amérique devraient réaliser qu'ériger un pôle rival de l'Amérique est la meilleure façon de l'avoir" déclare Tony Blair au *Financial Times*. [7]

Même s'il faut reconnaître à Tony Blair un certain courage dans son obstination à se tenir "épaule contre épaule" avec George Bush (prendre quelques distances avec son encombrant ami serait peut-être l'option la plus populaire), il est bien difficile de voir l'influence modératrice de la diplomatie

(7) *Financial Times*, 23 avril 2003.

britannique auprès de la Maison Blanche. Comment en effet "modérer" une administration Bush qui semble s'être enfermée dans une doctrine se résumant en deux mots : "America first" ? Il faut le rappeler : si l'alignement britannique sur les positions américaines est historiquement la règle, il ne s'agit pas là d'une fatalité. Certains prédecesseurs de Tony Blair - y compris conservateurs - ont su résister à la tentation de tout sacrifier sur l'autel de la "relation spéciale". Si Winston Churchill a effectivement prédit qu'entre l'Europe et le grand large, l'Angleterre choisirait toujours le grand large, le vieux lion a aussi mis en garde contre les dangers du "béni-oui-ouisme" : "Si deux hommes ont toujours la même opinion, l'un deux est de trop" disait le grand homme.

Tony Blair le répète à l'envi : il n'est pas toujours d'accord avec ce que disent ou font les Américains. Il peut même à l'occasion faire part de son désaccord aux intéressés (environnement, commerce mondial, cour pénale internationale...). Cela étant, lorsqu'il doit exprimer publiquement une divergence de vue, le chef du gouvernement britannique prend toujours un maximum de précautions pour ne pas froisser l'allié américain : la critique est exprimée en des termes généraux et les angles sont bien arrondis. Cette attitude conciliante avec les Etats-Unis a le don d'irriter des Français habitués à la pugnacité et l'intransigeance traditionnelles des Britanniques sur la scène européenne.

Dans son livre sur les relations anglo-américaines[8], le journaliste Peter Riddel explique ainsi cette différence d'approche : "Les Premiers ministres (britanniques) ont toujours vu les avantages politiques domestiques qu'ils pouvaient tirer d'une querelle avec l'Europe. 'Blâmer les Français' a été un expédient politique bien utile pour le gouvernement Blair en mars 2003 dans son plaidoyer pour une entrée en guerre alors qu'une seconde résolution onusienne ne pouvait être votée au Conseil de sécurité. 'Blâmer les Américains' aurait été inconcevable. Ces sommets des dirigeants européens, que l'on appelle Conseils européens, ont souvent été décrits par les conseillers gouvernementaux comme des confrontations entre adversaires. A l'inverse, les rencontres entre un Premier ministre britannique et un président américain s'apparentent à des réunions de travail entre amis".

Préférant l'arme de la séduction, Tony Blair ne craint cependant pas la confrontation avec ses

(8) Peter Riddel, *Hug them Close*, Politico's, Londres, 2003

partenaires européens (Jacques Chirac en sait quelque chose). Lors des sommets européens, il n'hésite jamais à brandir ses "red lines" (lignes rouges) pour défendre ce qui lui semble d'un intérêt vital pour son pays. Il ne s'embarrasse guère de circonlocutions lorsqu'il s'agit de pourfendre des attitudes qu'il juge anti-américaines. Face au moindre projet semblant concurrencer le leadership américain, Blair sort les griffes : "Je ne veux pas que l'Europe s'érige en rivale de l'Amérique. Je pense que cela serait dangereux et déstabilisant" déclare-t-il sèchement en réponse à l'initiative de "la bande des quatre". Les Français, les Allemands, les Belges et les Luxembourgeois se sont retrouvés autour d'une même table pour un mini-sommet sur la défense. Cette initiative dont le reste de l'Europe se gausse ("le Luxembourg combien de divisions ?") ne fait pas rire Tony Blair : il y voit une remise en cause du lien transatlantique. Levant les obstacles traditionnels de la Grande-Bretagne, en 1998 à St-Malo, le Premier ministre a accepté le principe d'un embryon de défense européenne conçu avec la France, l'autre grande puissance militaire en Europe. Mais Blair ne veut pas qu'on se méprenne sur la portée du traité : il récuse tout projet concurrent de l'OTAN ("un partenariat transatlantique qui reste la clef de voûte de la paix et de la sécurité internationale". *Le Monde*, 28 avril 2004). A ses yeux, une défense européenne ne peut avoir qu'un rôle complémentaire et subsidiaire.

Tony Blair défend l'idée d'un "monde unipolaire" où l'Amérique et l'Europe se retrouveraient dans le même camp face au nouveau danger du terrorisme et du fanatisme. George Bush a résumé plus crûment cette doctrine : "Vous êtes avec nous ou vous êtes avec les terroristes". Jacques Chirac défend une vision plus complexe des grands équilibres planétaires : le président français est partisan d'un "monde multipolaire" avec de grands pôles régionaux : les Etats-Unis, l'Europe, la Chine, l'Inde et l'Amérique latine, chacun défendant sa différence et ses intérêts sans devoir systématiquement obéir à une superpuissance. Aux yeux de Tony Blair, cette vision est forcément dangereuse car source de rivalités et potentiellement de conflits. D'aucuns argumenteront qu'un monde unipolaire avec à sa tête George Bush, flanqué de Dick Cheney et de Donald Rumsfeld, n'est pas forcément la meilleure garantie de paix et de stabilité.

Contrairement à l'idée reçue, ce n'est donc pas la Manche qui sépare l'Angleterre et la France mais bel et bien l'océan Atlantique. Bien des querelles diplomatiques entre nos deux pays transitent en effet par l'Amérique comme ce fut le cas en 2003, véritable "annus horribilis" dans les relations franco-britanniques. Les liens étroits entre Londres et Washington continuent de susciter irritation et sarcasmes à Paris. Au nord de la Manche, on interprète cette exaspération française comme la marque d'une certaine jalousie par rapport à la "special relationship". Cette relation trilatérale complexe évoque quelque part les rapports entre un maître d'école (la superpuissance américaine) aux prises avec un élève rebelle et un élève modèle ("le fayot de la classe" diront les moins charitables).

Deux "vieilles" nations comme la France et la Grande-Bretagne gagneraient pourtant à reconnaître que l'autre n'agit pas forcément par "pro" ou "anti" américanisme mais en fonction de ses intérêts et de son propre système de valeurs. Il n'est pas inutile de garder à l'esprit que les Britanniques savent à l'occasion dire "non" aux Etats-Unis quand leurs intérêts nationaux sont en jeu. Il faudrait également finir par admettre que les Anglais ne se retrouvent pas toujours aux côtés des Américains pour le simple plaisir de leur obéir : leurs liens historiques, militaires, politiques, économiques et culturels expliquent une grande convergence de vue sur de nombreux sujets. Si la Grande-Bretagne "suit" l'Amérique c'est aussi parce qu'elle se trouve souvent sur la même longueur d'ondes. La reconnaissance de cette réalité ne changerait peut-être rien sur le fond des désaccords mais elle aiderait peut-être à dissiper la méfiance réciproque qui naît de cette idée qu'un océan Atlantique se dresse inévitablement entre la France et l'Angleterre.

Malgré les antagonismes que peut créer cette relation triangulaire, une réalité demeure : les Etats-Unis, la Grande-Bretagne et la France restent - pour poursuivre la métaphore scolaire - "dans la même classe". Au-delà de leurs divergences de vue sur les meilleurs moyens d'y parvenir, les trois alliés partagent les mêmes idéaux de démocratie, de liberté et sont engagés dans la même lutte contre le fanatisme et le terrorisme. Lors du sommet du sommet franco-britannique du Touquet (le 5 février 2003), c'est ce que voulut exprimer Tony Blair en disant (en français) : "Il y a beaucoup plus de choses qui nous unissent que de choses qui nous divisent". Dans les semaines qui suivirent, c'est une vérité que les "meilleurs ennemis" eurent tendance à perdre de vue.

Chapitre 7

Grenouilles versus Rosbifs

*"Il n'est pas interdit de penser que si l'Angleterre n'a pas
été envahie depuis 1066, c'est que les étrangers
redoutent d'avoir à y passer un dimanche"*
(Pierre Daninos)

"Vous savez, personne n'aime les Anglais !" Avec son accent nord-irlandais un peu traînant, le chauffeur de taxi qui me conduit à travers les rues de Belfast a prononcé ces mots sur le ton de l'évidence. Sa remarque me dispense de m'interroger plus longuement sur l'appartenance confessionnelle de mon interlocuteur (Catholique ou Protestant ?), interrogation rituelle que l'on ne peut s'empêcher d'avoir à l'esprit en Irlande du Nord. L'homme a tout de suite établi, grâce à mon accent français, que des siècles d'animosité envers l'ennemi commun le rapprochent de son client étranger. Pour lui, c'est bien simple : l'anglophobie est une valeur plus universelle que la déclaration des droits de l'homme. Les Irlandais, les Ecossais, les Gallois, les

Français, toute l'Europe, toutes les anciennes colonies britanniques, toutes les cités touristiques, toutes les villes du monde qui ont accueilli des hordes de supporters... bref, tout le monde déteste les Anglais. "Anglophobes de tous les pays, unissez-vous !" Les Français auraient le tort de croire qu'ils ont le monopole de l'anglophobie. La France ne serait qu'un Etat parmi cent quatre-vingt douze sur la planète terre à haïr les "rosbifs". Les Français auraient tout simplement pris un peu d'avance sur le reste du monde dans leur détestation des Anglais. A ce stade du monologue, je fais remarquer au chauffeur de taxi que la vieille rivalité franco-anglaise n'est plus ce qu'elle était, qu'à l'heure de l'Europe et du tunnel sous la Manche la guerre entre nos deux nations n'est plus qu'une histoire ancienne. Mais à Belfast où, plus qu'ailleurs, le passé est imbriqué dans le présent, l'argument ne convainc pas vraiment mon interlocuteur. Je laisse mon chauffeur de taxi avec l'impression de l'avoir déçu en ne me conformant pas à sa théorie de l'anglophobie universelle.

Un point de son argumentation, cependant, ne souffre guère la discussion : les Français ont le privilège de l'antériorité dans leur animosité à l'égard des Anglais et vice-et-versa. Cette suspicion mutuelle s'est même enkystée dans le vocabulaire

des deux langues. Dans son livre (*Les Anglais.*
Portrait d'un peuple, Paris, Saint-Simon, 2003),
le journaliste Jeremy Paxman divertit ses lecteurs
en relevant les différentes expressions - anglaises et
françaises - qui trahissent les vieux préjugés entre
nos deux pays. Lointain écho de la perfidie que
chacun prête volontiers à l'autre : un Français dira de
quelqu'un qui s'est éclipsé en douce qu'il a "filé à
l'anglaise", un Anglais emploiera l'expression
suivante : "He has taken French leave" (autrement
dit : il a filé à la française). Pour excuser un
relâchement verbal, un Anglais dira : "Pardon my
French !" (un peu désuet). Encore aujourd'hui,
une femme française dira au moment des règles :
"Les Anglais ont débarqué". Avant d'honorer une
dame, un Français déroulera sur son membre viril
"une capote anglaise", un Anglais lui utilisera un
"French safe" ou une "French letter". L'épithète
"French" revient d'ailleurs avec une étonnante
insistance quand il est question de la bagatelle : un
homme qui louera les services d'une femme de petite
vertu prendra des "French lessons". Dans le passé, la
syphilis était décrite comme la "French disease".

Jeremy Paxman remarque d'ailleurs que son
inventaire est nettement déséquilibré : la langue
anglaise est plus riche en expressions - généralement
négatives - se référant à la France. Le journaliste

vedette de la BBC note à propos des Français : "Ils ne semblent cependant pas avoir eu la même instinctive hostilité que leur vouaient leurs voisins d'outre-Manche. Cette animosité du vocabulaire anglais trahit en réalité une étrange schizophrénie vis-à-vis de la France".

Si l'hostilité franco-britannique est à double sens, cet échange transmanche d'amabilités n'est pas en effet symétrique. Les Anglais mettent incontestablement plus d'entrain dans l'expression de leurs sentiments anti-français. Sur ce point, l'explication géographique est trop tentante pour ne pas être avancée : "alors que les Français ont au moins quatre voisins à critiquer, nous n'avons qu'eux" remarque avec humour le très francophile écrivain anglais Julian Barnes. De fait, à la différence des Britanniques, les Français ne manquent pas de frontières communes avec d'autres pays de taille respectable. L'Italie, l'Espagne et surtout l'Allemagne font également sentir leur présence aux portes de l'Hexagone.

Cette abondance de voisins ne place pas la France dans une situation d'unique face-à-face contrairement aux Anglais qui semblent avoir développé une légère névrose au sujet de leur vis-à-vis. Seulement tenue à l'écart par un petit bras de mer, la France est l'incarnation la plus visible de la menace étrangère et de l'influence corruptrice du continent européen. La patrie des mangeurs de grenouilles se tient là, arrogante et menaçante, à portée de crachats. Par temps clair - c'est-à-dire quand le continent n'est pas coupé de l'Angleterre par le brouillard - il n'est même pas nécessaire de monter sur les falaises de Douvres pour admirer l'éblouissante beauté du port de Calais.

C'est d'ailleurs une ville que les Anglais connaissent bien pour ses spécialités locales : les cartouches de cigarettes, les caisses de vin rouge et les palettes de bière. Les différences de taxation sur l'alcool et le tabac rendent très rentable l'aller-retour Douvres-Calais. Chaque week-end, la *working-class* anglaise part en expédition dans le nord de la France pour ramener ces trésors sous-taxés qui s'entassent dans le coffre des voitures. A bord du Ferry, la bière coule à flot dans une odeur huileuse de *fish and chips*, de *bacon* et de *baked beans*. Cette traversée porte un petit nom fort peu romantique : la *booze cruise* (traduction : la "croisière de la picole") car, à bord, on ne fait pas que jouer aux machines à sous...

La France se trouve donc à quelques encâblures - et à quelques demi-douzaines de pintes - des rivages du Kent, ce qui fait des Français les plus proches voisins des Anglais. Or (pardonnez ce truisme), on s'empaille de préférence avec un pays tout proche plutôt qu'avec un Etat lointain (même si la règle souffre de nombreuses exceptions). La Belgique ne comptant visiblement que pour du beurre de cacao (les tabloïds anglais surnomment dédaigneusement les Belges : "les fabricants de chocolat"), le seul voisin digne d'être invectivé a donc toujours été la France. Même taille de population, poids économique analogue, influence internationale comparable, armée de puissance équivalente, histoire coloniale similaire, même relégation au rang de puissance moyenne... Les deux pays ont trop de points communs pour que ce voisinage ne tournât pas à la rivalité. Après tout, on ne mesure ses forces qu'avec ceux qu'on juge dignes d'être comparés. Pourtant, répétons-le, l'Angleterre semble prendre plus d'intérêt à cette compétition franco-britannique.

Cette asymétrie dans la rivalité transmanche est d'ailleurs source d'irritation pour les Anglais qui reconnaissent bien là l'arrogance des Français, condescendants au point de refuser de participer à de bonnes vieilles querelles de voisinage. Combien de campagnes de presse francophobes lancées de Fleet Street n'ont reçu de l'autre côté du *Channel* qu'un écho indifférent, voire - pire - amusé ? "Les Français se préoccupent de ce qui est vraiment important dans la vie : être Français (...) Ils sont convaincus de leur supériorité individuelle et collective sur tous dans le monde. Leur charme est qu'ils ne nous méprisent pas : ils nous plaignent tout simplement de ne pas être Français"   écrivent, avec cet humour délicieusement britannique, Nick Yapp et Michel Syrett, co-auteurs d'un truculent *Guide de la xénophobie envers les Français.*[1]

Lorsqu'on parle des rapports franco-britanniques, il est difficile d'éviter le vieux cliché de la relation "amour-haine" basée sur un schéma dialectique "attraction-répulsion". Ce constat reflète pourtant assez mal l'état d'esprit des Français vis-à-vis de l'Angleterre. Malgré la beauté souvent méconnue de sa campagne et de son littoral, la Grande-Bretagne n'a tout simplement pas l'image d'un pays chaleureux et glamoureux. Quant aux Anglais et à leur mode de vie, ils inspirent rarement chez les Français un sentiment d'admiration et encore moins de jalousie. En un mot, l'Angleterre ne fait pas rêver les Français. En pleine polémique sur l'Irak, le député UMP Jacques Myard (*darling* des médias anglais malgré sa faible notoriété en France) portait ce jugement peu charitable mais assez typique de la vision hexagonale du voisin d'outre-Manche :

(1) Nick Yapp et Michel Syrett, *Xenophobe's guide to the French*, Londres, Oval Projects, 1999

"Le problème en Angleterre, c'est qu'on s'y ennuie tellement que s'ils ne peuvent pas dire du mal des Français, cela devient intolérable".

Essayons de comprendre cette faible appétence pour la Grande-Bretagne en faisant la part des réalités et des clichés qui trop souvent déforment le regard des Français sur leurs voisins du nord. Dans l'esprit hexagonal, l'Angleterre est indissociable de la pluie, de la grisaille et du brouillard. Il n'est pas question de prétendre ici qu'un tel constat est dénué de tout fondement. Ceci étant dit, le climat anglais n'est en rien aussi désastreux que les Français l'imaginent bien souvent. Un Breton, un Normand ou un Parisien n'a aucune raison de se sentir dépaysé dans le Kent, le Surrey ou le Sussex. Le niveau de précipitations et le nombre d'heures d'ensoleillement à Londres et à Paris sont sensiblement similaires. Les hivers y sont même moins rigoureux et les étés moins étouffants (durant la tristement célèbre canicule d'août 2003, le thermomètre a tout de même dépassé les 39 degrés, à Londres et à l'ombre, établissant un nouveau record britannique de chaleur). Seule différence de taille à laquelle les Français expatriés ont bien souvent du mal à s'habituer : l'heure de décalage que les Anglais s'obstinent à maintenir par rapport au reste de l'Europe. Durant la période hivernale, l'obscurité peut tomber avant quatre heures de l'après-midi donnant aux journées une déprimante brièveté. Pour le reste, à moins d'habiter en Ecosse, à Newcastle ou dans le Lake District, le climat britannique n'est pas aussi arrosé qu'on veut bien le dire. Les mythes ayant la vie dure, beaucoup de touristes français sont encore surpris - et pour tout dire un peu déçus - ne pas découvrir Londres enveloppé dans un épais cocon de *smog*. Ce brouillard épais formé de particules de suie et de gouttes d'eau a pourtant disparu des grandes villes anglaises depuis l'interdiction du chauffage au charbon, il y a plus d'un demi-siècle !

Quand ils traversent la Manche, les Français ont tendance à limiter leur découverte de l'Angleterre à la seule visite de Londres. Au mieux, pousseront-ils jusqu'à Oxford ou Cambridge mais rarement au-delà. Les Français ignorent trop souvent la beauté de certaines régions anglaises (la Cornouaille, le Devon, le Lake District, le Schropshire...) ou l'intérêt historique et culturel de certaines cités (York, Bath, Newcastle...). Il n'est pas toujours facile de convaincre un Français que toutes les villes anglaises ne ressemblent pas à Leeds, Sheffield ou Coventry et ne sont pas forcément grises, industrieuses et découpées en rues reproduites à l'identique. Cette triste réalité urbaine, née de l'énorme poussée démographique enregistrée au moment de la révolution industrielle et que le pilonnage nazi n'a pas contribué à améliorer, n'est pas une invention malveillante. Jeremy Paxman reconnaît volontiers que "les villes d'Angleterre comptent parmi les plus laides d'Europe". Les films de Ken Loach (plus populaire en France qu'en Angleterre), de Mike Leigh ou de Stephen Frears n'ont rien fait pour corriger cette image morose de l'Angleterre des villes. Si le cinéma britannique peut se féliciter de compter dans ses rangs des réalisateurs aussi talentueux, l'office de tourisme britannique (le *British Tourist Board*) a toutes les raisons de redouter chacune des sorties de leurs films. Imaginez l'impact à l'étranger sur l'image de notre beau pays, si les réalisateurs français les plus réputés s'obstinaient à tourner la quasi-totalité de leurs films à Roubaix, au Havre et à Châteauroux.

Ainsi, aux yeux des Français, l'Angleterre n'a pas vraiment l'image d'un pays rieur. Quant à la supposée "attraction" de la France pour les Anglais eux-mêmes, eh bien... disons-le franchement : c'est encore pire. Les Français ont cette tendance abusive à voir dans chaque Anglais un hooligan potentiel. Ces barriques à bière décérébrées qui déambulent dans les rues des villes étrangères en beuglant stupidement "In-gue-land, In-gue-land" et en cassant tout sur leur passage ne réprésentent qu'une toute petite minorité. Mais, il s'agit d'une minorité si voyante et si bruyante qu'elle a fini par imprimer dans les esprits étrangers cette équation caricaturale : Anglais = bière + football + *hooligan*. Le ballon rond a pris une importance si démesurée dans la vie des Anglais que beaucoup d'entre eux se tapent une petite déprime durant la trêve estivale du *Premiership*. Qui d'autre que l'entraîneur d'un club anglais (Bill Shankly) aurait pu affirmer : "Le football n'est pas une question de vie ou de mort, c'est bien plus important que cela". Au moment du mondial et de l'euro de football, le patriotisme atteint un paroxysme étouffant : dans les journaux il n'est plus question que de l'équipe nationale et de David Beckham. Les drapeaux blancs frappés de la croix de St Georges fleurissent partout, sur les balcons, les voitures et les devantures de magasin.

Même en mettant le football entre parenthèses, il faut bien reconnaître que l'image de l'Anglais soiffard et éructant le houblon nous vient facilement à l'esprit. En vacances, les groupes d'Anglais ont rarement l'alcool discret et délicat. Les résidents des îles grecques ou espagnoles en savent quelque chose... Alcoolisés jusqu'au dernier degré, les jeunes Britanniques ont cette fâcheuse tendance à montrer leurs fesses blanches aux autochtones. La pratique porte même un joli petit nom : le *mooning* ("moon" : lune en anglais). C'est entendu, chaque pays peut avoir à rougir de la grossièreté de sa jeunesse à l'étranger. Pourtant, la muflerie anglaise sous influence de l'alcool est bien difficile à égaler. Le vocabulaire pléthorique pour décrire ce type de comportement trahit une certaine habitude anglaise du phénomène : *drink culture, booze culture, binge culture, laddish behaviour...* Les expressions anglaises ne manquent pas pour décrire cette culture de l'alcool et du comportement bovin qui l'accompagne.

La tradition du *pub* (*public house*) est profondément ancrée dans les habitudes britanniques : près de la moitié de l'argent dépensé pour les loisirs à l'extérieur du domicile va enrichir les taverniers du royaume.[2] Le vendredi soir, à la sortie des bureaux, les collègues de travail convergent vers le *pub* : une succession ininterrompue de pintes de *lager* ou de *bitter* fait office de dîner. Le phénomène ne date pas d'hier : déjà au Moyen Âge, les Anglais étaient réputés pour leur propension à boire plus que de raison. Des proverbes médiévaux - que rappelle

(2) Etude de l'institut de recherche Mintel publiée en octobre 2003.

Jeremy Paxman dans son livre - attestent que l'Anglais ne restait pas longtemps le gosier sec : "L'Auvergnat chante, le Breton écrit, l'Anglais boit" ou encore : "Le Normand chante, l'Allemand s'empiffre, l'Anglais s'enivre".

A tort ou à raison, les Français pensent avoir une approche plus civilisée de l'alcool et méprisent ces abus sans fard qui se finissent trop souvent dans un caniveau ou dans l'arrière-cour puante d'un pub. L'alcool, cette obsession britannique prend des proportions qui n'en finissent plus d'inquiéter les autorités publiques (même si parallèlement rien n'est fait pour restreindre les publicités sur l'alcool). Selon un rapport gouvernemental (mars 2004), trois hommes sur cinq et une femme sur cinq dépassent régulièrement la limite de consommation d'alcool jugée raisonnable (10 pintes de bière par semaine). Tout indique que cette tendance n'est pas prête de s'inverser : les moins de 16 ans boivent deux fois plus qu'il y a dix ans ! La facture des méfaits de l'alcool (santé, accidents, violence...) atteint le chiffre faramineux de 20 milliards de livres sterling (30 milliards d'euros) par an. Aucun pays européen - et certainement pas la France - n'échappe au fléau de l'alcool mais peu offrent l'image aussi caricaturale d'une jeunesse plongeant avec autant de délectation dans un éthylisme sans limites. Les centre-villes anglais portent les stigmates odorants de ces soirées d'ivresse : à Newcastle, Manchester ou Liverpool vous avez autant de chances de mettre vos pieds dans de la vomissure que de marcher dans des excréments canins sur un trottoir parisien. C'est dire !

En Angleterre, la *binge culture* n'est pas l'apanage d'un seul sexe : les femmes lèvent le coude avec pratiquement la même prestance. Lorsqu'elles sont de sortie, les Anglaises s'habillent au mépris des températures les plus basses : la jupe bien au-dessus du genou, le décolleté jusqu'au nombril, le dos largement ouvert au crachin britannique. Cette couverture très partielle du corps livre au regard des ventres charnus et des peaux laiteuses bleuies par le froid. L'alcool et le sexe faisant bon ménage, les barrières de l'inhibition sont vite franchies : l'Angleterre détient - et de très loin - le record européen des grossesses précoces (quatre fois plus de jeunes mères célibataires qu'en France, huit fois plus qu'aux Pays-Bas). Ces soirées d'ivresse, où le romantisme est rarement au rendez-vous, contribuent largement à ces statistiques, traduction chiffrée de ces étreintes fugaces derrière les buissons d'un parc, dans les toilettes d'un *night-club* ou dans l'arrière-cour d'un *pub*. Avec un tel tableau, on peut être pardonné de trouver à la femme française un peu plus de classe. Ni la beauté froide de Charlotte

Rampling ni le charme androgyne de Jane Bearkin ne parviennent à effacer l'image peu flatteuse d'une jeune génération qui noie sa féminité dans la *Stella* ou le *Chardonnay Sauvignon*.

Admettons-le : la sexualité des Anglais a toujours été en France un sujet de curiosité et de raillerie. Parallèlement à cette image de la femme anglaise frivole et facile ("A nous les petites anglaises !"), les Français aiment se représenter une Angleterre encore baignée dans une pudibonderie toute victorienne. Avec ce goût si britannique pour l'auto-dépréciation, les Anglais confirmeraient presque avec plaisir le stéréotype : "No sex, we are British !" dit la célèbre formule. Les Français imaginent bien volontiers un peuple gêné et emprunté au moment de passer à l'acte. A force de réprimer leurs désirs, les Anglais auraient fini par se vautrer dans d'inavouables déviances. Ne parle-t-on pas en France du "vice anglais" pour désigner la flagellation ? Les Français s'accrochent à cette image un peu jaunie des dortoirs des *public schools* non mixtes où l'on alterne châtiments corporels et gratifications sexuelles. Quand Edith Cresson estime - avec une précision scientifique - à 25% le pourcentage d'homosexuels dans la population masculine anglaise, elle ne fait là que répéter un cliché largement accepté au café du commerce. L'avalanche de scandales politicosexuels qui éclaboussèrent le Parti conservateur dans les années 90 a conforté cette perception française d'une Angleterre à la fois réprimée et sexuellement déviante. Le Premier ministre tory de l'époque venait d'en appeler à un retour des valeurs familiales : son discours à peine fini, les perversités de ces messieurs en costume gris s'étalaient à la une de tous les journaux. L'affaire de ce député conservateur, talons aiguilles et bas résilles, retrouvé mort sur le carrelage d'une cuisine ou les confessions enregistrées de l'héritier de la couronne rêvant de se métamorphoser en tampax sont autant d'histoires qui ont renforcé le mythe du puritanisme pervers des Anglais. C'est toujours avec délectation que les Français prennent connaissance des dernières rumeurs à connotation sexuelle visant les membres de la famille royale. Plus que tout autre, le Prince Charles symboliserait cette Angleterre aux deux visages, en apparence prude et engoncée mais en réalité concupiscente et à la limite de la perversion sexuelle. L'Angleterre reste ce pays étonnant où l'évocation de la bagatelle fera monter le rouge au front mais où l'on peut, sans gêne, ouvrir dans le métro son quotidien à la page 3 où se love une jeune femme dénudée à la poitrine généreuse. La presse tabloïde ne fait rien pour lever l'ambiguïté : les journaux se posent régulièrement en gardiens de l'ordre moral décrivant avec un luxe de détails très explicites les derniers scandales sexuels sous prétexte de mieux les dénoncer (bien entendu !).

A en croire la fameuse thèse du sociologue allemand Max Weber (*L'éthique protestante et l'esprit du capitalisme*), l'éthique protestante a fait prospérer l'esprit du capitalisme plus sûrement que sous nos cieux catholiques. La réussite matérielle et, disons-le, l'appât du gain sont rarement vus d'un mauvais oeil dans ce pays de longue tradition commerçante (une "nation de boutiquiers" fulminait le peu anglophile Napoléon Bonarparte). Le savoir-faire britannique dans le monde de la banque et de la finance n'est plus à prouver comme l'atteste le poids de la City de Londres, depuis longtemps première place financière en Europe. A l'instar des Américains, les Anglais ont un rapport décomplexé à l'argent.

Money, money, money... Tout se monnaie, y compris la parole : il n'est pas rare qu'un interlocuteur vous demande à être payé pour une interview. Les "révélations" ou les témoignages exclusifs sont achetés par la presse anglaise à prix d'or. Ce "journalisme de chéquier" ne va d'ailleurs pas sans soulever des interrogations d'ordre éthique : en effet, plus les "révélations" sont croustillantes plus leur valeur augmente. Fort logiquement, l'interviewé aura tendance à corser son récit, voire à le fabriquer de toutes pièces.

La spéculation immobilière est un autre symptôme de ce mercantilisme sans retenue. En Angleterre, tout se loue à des prix indécents : un modeste deux-pièces à Londres peut coûter à son occupant plus de 1500 € par mois. Les propriétaires n'ont aucun scrupule à louer des chambres sans fenêtres ou des placards à balais. Toute surface de plus de deux mètres carrés semble vouée à être habitée. Nombre de familles anglaises jugent criminel de laisser une chambre inoccupée dans la maison. Histoire de faire fructifier ce "capital", elles y mettent un ou plusieurs locataires qui paieront des loyers exhorbitants destinés à rembourser chaque mois le *mortgage* (l'emprunt hypothécaire) de leur logeur. Cette pratique très répandue ne cadre pourtant guère avec l'approche britannique de l'espace privé. Les Anglais n'ont pas la réputation d'ouvrir leur foyer au monde extérieur ("An Englishman's home is his castle" : "la maison d'un Anglais est son château" dit le dicton). Mais quelques centaines de livres sterling par mois valent visiblement ce sacrifice. Les séjours linguistiques se basent sur le même principe de la rentabilisation des espaces vides : l'accueil de stagiaires étrangers dans des familles anglaises est souvent moins motivé par la curiosité culturelle que par un intérêt sonnant et trébuchant. Combien d'étudiants n'ont pas eu cette désagréable impression d'avoir été accueilli comme la motte de beurre que l'on fait fondre dans les épinards ?

La télévision anglaise reflète cette obsession immobilière : on ne compte plus le nombre d'émissions diffusées en *prime-time* sur l'art d'acheter, de vendre, de louer, de restaurer une propriété au meilleur prix. Dans l'actualité anglaise, la mention de l'argent est monnaie courante : le coût d'une enquête policière ou d'un procès, le poids financier d'un engagement des troupes dans un conflit, les pertes liées à une grève, les implications économiques d'une vague de froid ou de chaleur, les profits dégagés par une manifestation sportive, la part du contribuable dans un projet public... Tout se quantifie, se calcule, se pèse et s'évalue. Entendons-nous bien, de telles considérations pécuniaires ne sont pas absentes du débat français mais elles sont rarement aussi centrales qu'en Angleterre.

Plus qu'en France, les gouvernants britanniques doivent se montrer très précautionneux avec l'argent public et sont sans cesse comptables des dépenses engagées par leurs ministères. Les Anglais n'ont pas - contrairement aux Français - la religion des grands travaux et des projets pharaoniques. Les seuls projets acceptables par le grand public sont généralement ceux financés sur fonds privés ou via la loterie nationale. Dans la patrie de Napoléon, du général de Gaulle et de Mitterrand, une telle attitude confinerait à la petitesse.

L'art de la table en Angleterre - ou plus exactement son absence supposée - est un sujet permanent de raillerie au sud de la Manche. Du haut de cette suffisance typiquement gauloise quand il est question de cuisine, les champions du monde auto-proclamés de la gastronomie méprisent tout ce qui peut sortir d'un fourneau anglais. De retour sur le sol français, un expatrié sera accueilli avec commisération par des proches persuadés qu'outre-Manche il faut choisir entre malnutrition ou intoxication culinaire. Toutes les viandes - forcément bouillies - ne sont-elles pas nappées d'une dégoûtante sauce à la menthe, accompagnées de légumes trop cuits, suivies d'une abominable *jelly* en guise de dessert, le tout étant arrosé d'un vin bulgare ? Pour ne pas décevoir son auditoire, le rapatrié sanitaire perpétuera généralement le mythe d'une nourriture anglaise immangeable laissant entendre qu'il a plusieurs fois été la victime d'une tentative d'homicide gastronomique. Traité comme un survivant des camps de concentration, l'expatrié repartira vers la grisaille anglaise avec sous le bras un panier rempli de pâtés, de saucissons, de fromages et de bouteilles de vin.

La cuisine anglaise n'est certes pas d'une grande variété mais elle a au moins le mérite d'exister. Les Anglais sont les maîtres incontestés du *roast* (d'où leur petit nom charmant : "roast beef" ou rosbif). Ils sont en mesure de proposer, dans un menu, des spécialités locales : des *cornish pastries*, du *yorkshire pudding*, de l'*apple pie* flottant dans de la crème anglaise sans parler de l'*english breakfast* et du *fish and chips* au sujet duquel les Français aiment dire que le papier graisseux qui l'entoure a souvent meilleur goût (prière de ne pas rire trop fort : le *fish and chips* aurait subi une influence judéo-française). Mais la force de la cuisine anglaise tient... aux apports extérieurs : la fameuse "gastronomie ethnique" dont les Français, parfois aveuglés par leur blanquette de veau et leur steak tartare, feraient bien de s'inspirer. "Du point de vue culinaire, Londres vous offrira une palette de choix comme nulle part ailleurs en Europe" écrit à juste titre Le Guide du Routard, "Il serait dommage de repartir sans avoir mangé chinois, pakistanais, bengali ou indien. Les meilleurs chinois ou indiens d'Europe sont à Londres". Moins arc-boutés sur leurs traditions culinaires - n'ayant rien à défendre corrigeront les mauvaises langues - les Anglais ont ouvert leur cuisine au monde entier : un ministre britannique n'a pas hésité à élever le poulet *tikka massala* au rang de plat national.

Ce *melting pot* gastronomique, reflet de la formidable multi-ethnicité londonienne, a mis fin à un long complexe d'infériorité des Britanniques par rapport aux Français. Aujourd'hui, il est même de bon ton de parler du "déclin" de la cuisine française. Les chefs gaulois, trop prétentieux, se seraient endormis sur leurs toques et leurs casseroles. Une remarque perfide qui vise également les vignerons français supplantés par leurs concurrents du nouveau monde. En Angleterre, les émissions de cuisine envahissent le petit écran à des heures de grande écoute transformant en véritables stars des chefs branchés, jeunes et dynamiques à l'instar de Jamie Oliver, le plus connu de ces *celebrity chefs*. De la même façon, on ne compte plus le nombre de toques de réputation internationale qui ont élu domicile en terre anglaise (96 "une étoile" au guide Michelin, 11 "deux étoiles", trois "trois étoiles").

Les Anglais considèrent aujourd'hui qu'ils n'ont plus vraiment de leçons de cuisine à recevoir des Français. Pourtant quelques stars toquées du petit écran et une centaine d'étoiles Michelin décernées à des restaurants inaccessibles au plus grand nombre ne sauraient suffire à faire de l'Angleterre une terre d'élection de la gastronomie. C'est en substance ce qu'a fait observer dans la presse (*The Observer*, 11 avril 2004) le plus anglophile des chefs français : Raymond Blanc, installé près d'Oxford depuis un quart de siècle (le "Manoir aux Quat' Saisons"). Le cuisinier franc-comtois, pour qui les Anglais ont encore beaucoup à apprendre, s'est attiré une volée de bois vert pour ce jugement d'une arrogance typiquement gauloise. Il y a pourtant, dans les propos de Raymond Blanc, plus qu'un fond de vérité. Il suffit d'être invité dans une famille anglaise pour un *roast* dominical, de déjeuner dans un *pub* ou tout simplement de faire ses courses dans une grande surface pour redescendre sur terre. Si le Royaume-Uni n'est plus ce désert gastronomique raillé par les Français, il n'est pas soudainement devenu un paradis pour les gourmets.

Les Anglais aiment imaginer que les Français les jalousent secrètement. Au risque de les décevoir, cette idée d'une attirance pour la glorieuse Angleterre n'est qu'un mythe. La réalité serait plus proche d'un autre stéréotype qui contredit la thèse d'une jalousie honteusement refoulée : les Français sont trop fiers d'être Français pour condescendre à envier leurs voisins. Et même s'ils devaient abandonner un peu de cet orgueil national, ce n'est tout simplement pas vers l'Angleterre que leur regard se tournerait. Entendons-nous bien, il ne s'agit pas de prétendre que les Français sont incapables de reconnaître l'indiscutable supériorité britannique dans certains domaines. Pour faire bonne mesure, osons d'ailleurs un rapide inventaire des points forts qui valent aux Anglais d'être admirés de ce côté-ci de la Manche. Le pays qui a donné au monde les Beatles, les Rolling Stones, Led Zeppelin, les Sex Pistols, les Clash, David Bowie, Elton John, Oasis et tant d'autres, règne en maître sur la pop et nul en France n'oserait contester cette suprématie. Les Anglais veulent bien nous faire la gentillesse de connaître vaguement Sacha Distel (eh oui), Charles Aznavour ou Edith Piaf (à l'extrême limite : Françoise Hardy et Serge Gainsbourg). Quant à notre rocker national, son nom n'est que rarement mentionné dans la presse anglaise, et tout bien considéré c'est préférable, vu les commentaires ironiques qu'inspire ce phénomène purement hexagonal. Johnny et les Français se consoleront en se disant que la langue de Molière ne sied guère à la *pop music*.

Quant à nos sens respectifs de l'humour, il n'est guère besoin d'insister longuement. Quand, dans les années 80, les Anglais s'esclaffaient devant les Monthy Python, la France entière, elle, se gondolait devant... le Collaroshow. Malgré la méchanceté anti-française du propos, le *Mail on Sunday* avait quelques arguments à faire valoir lorsqu'il écrivait : "Les Français n'ont aucun goût : que dire d'une nation qui aime Benny Hill ? C'est facile : ce personnage petit, gros et obsédé sexuel est une parfaite incarnation du Français moyen". Même les hommes politiques britanniques ont un sens de l'humour largement supérieur à celui des politiciens français. C'est même en Angleterre un atout indispensable pour faire carrière en politique : tout discours digne de ce nom doit être ponctué de formules ironiques et de traits d'humour destinés à maintenir l'attention de l'auditoire. Plongez-vous (si vous en avez le courage) dans un discours de Jacques Chirac, d'Alain Juppé, de François Bayrou, de Lionel Jospin, de Robert Hue ou d'Arlette Laguiller, si vous trouvez une seule ligne suscitant chez vous un début d'hilarité, c'est que vous êtes décidément très bon public... même une émission des Grosses têtes parviendrait à vous arracher un sourire.

La télévision anglaise est, comme partout ailleurs, de qualité inégale, elle est cependant indiscutablement plus imaginative, plus créative, plus subtile, plus drôle que notre petit écran poussiéreux squatté depuis trop longtemps par les mêmes animateurs pseudo-impertinents. Les Anglais se plaignent souvent que la BBC ne soit plus ce qu'elle était... ils raviseraient certainement leur jugement sur "Auntie" s'ils avaient l'occasion de regarder France Télévision. Ce qui vaut pour les programmes télé est également valable pour la publicité, le design, le stylisme (les maisons de couture parisiennes ne sont-elles pas devenues un repaire de stylistes anglais ? John Galliano, Alexander McQueen, Stella McCartney...). Les sciences, la médecine, la littérature, les arts, les sports... il serait vain de faire un inventaire exhaustif des mille et une raisons pour lesquelles l'Angleterre, première nation industrielle de l'histoire, mérite toute l'admiration de ses voisins français. Et puis, à quoi bon gonfler l'orgueil national britannique qui - à l'instar du nôtre - n'en a nul besoin ? Rappelons également qu'inventeur ne rime pas toujours avec meilleur : les usagers des chemins de fers britanniques et les fans de l'équipe d'Angleterre de football en savent quelque chose.

Si les Français s'autorisent à admirer les Anglais pour certaines choses, il est difficile d'en conclure que leurs sentiments vis-à-vis d'eux sont placés sous le signe de l'envie ou même de l'attraction. Le corollaire étant qu'il n'existe pas non plus une hostilité manifeste ou une franche répulsion. De nos jours, il n'y a plus un grand appétit dans la presse ou la classe politique française à raviver les vieilles querelles ancestrales. Il se trouvera toujours un ou deux crétins pour vandaliser les tombes de vétérans britanniques et inscrire "Rosbifs go home" sur leur monument aux morts mais dans l'ensemble le sentiment anti-anglais semble plus tenir du folklore que de l'anglophobie pure et dure.

Malgré tout, les Français ne se sentent pas particulièrement proches de leurs voisins du nord. Dans un sondage publié fin mars 2004 par le *Pélerin*, les Britanniques étaient placés à la cinquième place derrière les Allemands, les Belges, les Espagnols et les Italiens. Selon une étude BVA/ICM réalisée pour *Libération* et le *Guardian* (enquête publiée le 05 avril 2004 à l'occasion de la visite de la Reine en France pour le coup d'envoi des festivités du centenaire de l'Entente cordiale), la confiance ne règne pas encore entre les deux peuples. Seulement 51% des sondés disent "faire confiance" aux Britanniques : un chiffre à comparer aux 85% et aux 84% dont sont gratifiés respectivement les Espagnols et les Allemands (ces derniers ont pourtant envahi trois fois la France en l'espace de 70 ans comme n'a pu s'empêcher de le souligner un journal anglais à la lecture de ces chiffres).

"Isolés", "pro-américains", "anti-Europe", "égoïstes", "arrogants", "excentriques"... tels sont les qualificatifs les plus régulièrement cités à propos des Anglais dans ce sondage.

Faites votre propre enquête d'opinion : engagez une conversation sur les Anglais lors d'un repas de famille. Vous pouvez être certain que les jugements péremptoires autour de la table ne manqueront pas : 1) "Ils ne veulent jamais rien faire comme tout le monde" (Exemple ? Le refus de l'euro, la conduite à gauche, l'heure de décalage, les mesures impériales...) 2) "Ils veulent le beurre et l'argent du beurre" (Un pied dans l'Europe, l'autre à l'extérieur) 3) "Ils font tout comme les Américains" (sentence généralement déclinée par un beau-frère s'improvisant expert en relations internationales).

Les Anglais "à la remorque des Américains"... Le bon vieux cliché a repris du service à la faveur de la guerre en Irak. C'est un stéréotype qu'affectionnent tout particulièrement les Français qui ont toujours aimé enfermer les Britanniques dans la caricature du peuple obéissant au doigt et à l'oeil aux Etats-Unis. Tentons de faire la part du mythe et de la réalité. Bien sûr, l'Amérique exerce une fascination sur la Grande-Bretagne (comme d'ailleurs sur beaucoup d'autres pays, y compris la France). Les liens historiques, économiques, culturels et linguistiques expliquent une indéniable proximité anglo-américaine. Incontestablement, il existe un "américanisme primaire" dans toute une frange de la presse britannique (et pas seulement celle contrôlée par Rupert Murdoch). L'atlantisme est également un sentiment largement répandu dans la sphère politique et économique. Il est ainsi toujours surprenant pour un Français d'observer à quel point l'Europe et ses "atteintes à la souveraineté britannique" peuvent déchaîner les passions quand l'influence tentaculaire des Etats-Unis passe, elle, pratiquement inaperçue.

Pour autant, décrire l'Angleterre comme le "51ème Etat d'Amérique" ne rend pas justice à un peuple fier de son histoire, de ses traditions et de sa culture. L'histoire contemporaine des relations anglo-américaines montre que Londres n'a pas toujours été la courroie de transmission de la Maison Blanche en Europe. De plus, il faut savoir distinguer la population de ses gouvernants. Les Britanniques ont été parmi les peuples les plus mobilisés dans le monde contre la guerre en Irak : plus d'un million de personnes descendirent dans les rues de Londres le 15 février 2003. Au début des années 70, les étudiants anglais protestèrent, également en masse, contre la guerre du Vietnam. Dans les années 80, un vent d'américanophobie souffla sur l'Angleterre après l'installation sur son sol de 160 missiles américains Cruise, preuve que le pays a toujours été moins enclin que ses dirigeants à faire de l'île une base militaire avancée des Etats-Unis. Plus récemment, lors de sa visite d'Etat au Royaume-Uni, George Bush a été accueilli chaleureusement par la Reine et Tony Blair mais rejeté par la rue - plus de 200.000 manifestants - au point d'obliger le "visiteur invisible" à éviter tout contact avec le peuple britannique.

Loin d'être un phénomène conjoncturel, "l'anti-américanisme" n'est pas un sentiment inconnu en Angleterre. Plusieurs fois depuis la fin de la deuxième guerre mondiale, les ambassadeurs américains à Londres ont ainsi alerté leur gouvernement sur ce qu'ils jugeaient être d'inquiétantes poussées d'américanophobie dans la société anglaise. Aujourd'hui, 66% des Britanniques disent faire confiance aux Américains, un chiffre honorable certes, mais inférieur au crédit accordé aux Espagnols (73%) ou même aux Allemands (69%). Ceci relativise, pour le moins, le stéréotype peu flatteur du peuple "à la botte" de l'oncle Sam. Loin d'être toujours éblouis par l'Amérique, les Anglais peuvent eux aussi se laisser aller à quelques préjugés anti-*yankees*. Il y a même, comme diraient les diplomates, une "harmonie de vue" entre les

Français et les Britanniques dans leurs griefs adressés aux Américains : impérialisme, arrogance, ignorance, naïveté, manque de raffinement... Finalement, les a priori négatifs ne sont pas si différents de part et d'autre de la Manche. Comme quoi, quand il s'agit de dire du mal des Américains, les peuples anglais et français peuvent trouver un petit terrain d'Entente cordiale.

"La France est un beau pays, dommage qu'il y ait les Français"... Ce "compliment" délicieusement britannique trouve sa traduction dans un flux transmanche continu. Douze millions de sujets de Sa Grâcieuse Majesté traversent la France ou y séjournent chaque année (chiffres de la Maison de la France à Londres pour l'année 2002). Beaucoup d'entre eux y restent. L'Hexagone abrite environ 500.000 résidents Britanniques répartis sur tout le territoire (à l'inverse de la communauté française de Grande-Bretagne qui se concentre massivement à Londres). Ils seraient environ 600.000 à posséder une propriété en France (estimation officieuse).

Sous l'effet conjugué d'une livre sterling forte, de taux d'intérêt historiquement bas, des possibilités de travail offertes par internet et du phénomène *low cost* (les compagnies aériennes à bas prix), la demande a littéralement explosé ces dernières années. Les

Britanniques sont les premiers acheteurs étrangers avec 37% des transactions immobilières suivis des Italiens (13,5%) et des Néerlandais (5,3%) selon l'étude d'Abbey National France portant sur l'année 2002. Les crédits accordés par cette banque (leader du crédit immobilier s'adressant à une clientèle anglophone) étaient destinés à l'achat d'une résidence secondaire (65%), à l'acquisition d'une résidence principale (18%) et à un investissement locatif (17%). L'acquéreur type exerce une profession libérale ou occupe un poste de cadre, il est plutôt jeune (entre 35 et 45 ans), a des revenus élevés et possède déjà une résidence principale en Grande-Bretagne.

Pour une nation qui a toujours aimé investir dans la pierre, la France représente une véritable aubaine : les prix de l'immobilier y sont de deux à trois fois moins élevés qu'en Grande-Bretagne. L'environnement est propice à cette fièvre acheteuse: multiplication des programmes télévisés sur l'achat de propriétés en Europe, sollicitations des banques proposant des crédits spécialement adaptés à ce type d'investissement, pullulement d'agences immobilières ciblant le marché français. Résultat : les Britanniques "possèdent" 3,17% de la campagne française, c'est "la plus grande invasion anglaise depuis la guerre de Cent ans" constate un officiel cité par *Le Monde* (le 03 avril 2004).

Si la cohabitation est aujourd'hui plus pacifique qu'au temps de Jeanne d'Arc, ce déferlement britannique n'est pas toujours accueilli avec le sourire par les populations locales. Car là où l'Anglais passe, la pierre flambe. Le cas de l'Aquitaine, région très prisée des Anglais depuis... le bas Moyen Âge, est symptomatique de cette spirale haussière. Entre 2000 et 2002, les prix de l'immobilier d'habitation ont augmenté de 35% (cf Abbey National France) ! Comprenez après ça que "l'invasion anglaise" puisse faire grincer des dents. Tout dépend bien sûr de quel côté de la barrière on se trouve : sans surprise, les acheteurs et les vendeurs ont tendance à ne pas porter le même regard sur ces hordes venues d'outre-Manche les poches remplies de livres sterling. Classique, l'histoire de cet ami dont les parents étaient absolument ravis d'avoir (bien) vendu à un couple d'Anglais mais qui, lui, ne parvient plus à trouver quelques hectares de vigne en Dordogne à un prix décent, à cause de ces mêmes Anglais. Pour un peu, les "envahisseurs" britanniques sèmeraient la zizanie dans les familles françaises !

Ces grommellements anti-anglais sont parfois compréhensibles : après tout, beaucoup de

Britanniques eux-mêmes se désolent de croiser tant de leurs compatriotes dans des coins perdus de France. Ceci étant dit, au lieu de crier à "l'invasion anglaise", ne devrait-on pas se réjouir de voir des villages moribonds reprendre un peu d'activité grâce justement à ces "envahisseurs" ? Quant à la flambée de la pierre, à qui en incombe la faute ? Les Anglais - que l'on dit par ailleurs si près de leurs *pennies* - ne jettent pas leurs livres sterling par la fenêtre de gaîté de coeur en achetant à 50% au-dessus du prix du marché. Ne faudrait-il pas aussi pointer du doigt les propriétaires et les agents immobiliers voraces qui - bien conscients des grosses différences de prix entre la France et l'Angleterre - profitent de l'aubaine ?

Reproche souvent entendu : les Anglais ne feraient aucun effort, ni pour s'intégrer, ni pour faire tourner l'économie locale ! Ne débarquent-ils pas en France le coffre de la voiture rempli de leur provision de confitures, de sachets de thé et de leur abjecte *Marmite* ? Ne reproduisent-ils pas leur petit univers anglophone en ne prenant même pas la peine d'apprendre l'idiome local, le français ? Ils préfèrent le *Times* à *Sud-Ouest,* montent des clubs de bridge ou pire... de cricket. C'en est trop ! Sus à l'Anglais ! Boutons l'Anglais hors de France !

Dans un souci d'Entente cordiale, répondons à ces critiques habituelles. Ils ne consomment que du "made in England" sur le sol français ? Pointons la contradiction : on ne peut critiquer les Anglais parce qu'ils importent quelques-unes de leurs spécialités nationales et, dans le même temps, ironiser sur ces coffres de voiture remplis de bouteilles de Bordeaux, de fromages et de pâtés locaux qui repartent vers le nord. D'ailleurs, éloignés de la mère-patrie, les Français n'agissent-ils pas de la même façon ? Des bagages d'expatriés retournant en Angleterre, vous entendrez souvent monter le petit bruit caractéristique de l'entrechoquement des bouteilles de vin calées entre des saucissons secs et des camemberts odorants.

Les Anglais recréent leur petit monde et vivent en vase clos ? Le constat n'est pas totalement faux. Malgré leur courtoisie et leurs bonnes manières, ils se montrent généralement réservés et peu pressés de découvrir de nouvelles têtes. Dans son *best-seller* (*Les Anglais*), Jeremy Paxman note avec humour à propos de ses compatriotes : "La seule façon de se sentir réellement supérieur à leurs voisins est de ne pas bien les connaître". Mais les Anglais n'ont pas le monopole du repli communautaire : une balade sur les trottoirs londoniens de South Kensington - quartier chic de la capitale britannique gentiment rebaptisé *the froggy valley* (la vallée des grenouilles) par les Londoniens - montre que les Français à l'étranger recréent, eux-aussi, un petit monde qui fleure bon le pays.

Les Anglais ne font pas d'efforts pour parler le Français ? Là, soyons objectifs : les Britanniques ne sont pas de grands polyglottes. Comme tous les citoyens des pays anglophones, ils s'attendent à ce que leurs interlocuteurs parlent la *lingua franca*, la langue universelle. Cette scène dans *L'été indien*, un documentaire à succès diffusé sur *Channel 4*, est typique de cet ethnocentrisme linguistique : Nigel, un Anglais d'une cinquantaine d'années s'est installé au coeur de l'Ardèche où il a ouvert un restaurant indien, et tout ne marche pas pour le mieux dans le meilleur des mondes. Il se plaint notamment des problèmes de communication avec sa petite amie française dont l'anglais est plutôt hésitant. Pas une seule fois, Nigel ne semble se demander si l'absolue médiocrité de son français (après un an passé dans le pays) ne serait pas, lui non plus, un obstacle à cette communication.

Ce manque d'ouverture des Anglais aux langues étrangères est d'ailleurs un souci constant du ministère britannique de l'Education inquiet de voir des générations entières sortir du système scolaire en ne maîtrisant qu'une seule langue : l'anglais.

Désormais talonné par l'espagnol, le français reste la première langue étrangère enseignée en Grande-Bretagne. Pourtant, en dehors de certains cercles, il est plutôt rare de trouver un Britannique pouvant aligner plus de quelques mots de rang dans la langue de Molière. Mais admettons-le : l'attitude de certains Français peut couper l'envie aux étrangers de faire le moindre effort linguistique. Tous les Anglais vous le diront : en France, on ne se montre guère charitable avec leur français approximatif. Une amie anglaise me racontait, encore sous le choc, comment un garçon de café parisien l'avait ridiculisée devant la clientèle du bar parce qu'elle avait eu le malheur de commander "un ballon rouge".

Il y a la langue et l'esprit de la langue : connaître la grammaire et le vocabulaire est une chose, saisir toutes les nuances de l'idiome en est une autre. Il faut un certain temps avant de comprendre toutes les subtilités qui se cachent derrière les mots. Ce lent apprentissage est précédé d'inévitables malentendus. Les formules de politesse, les précautions de languvage et les euphémismes dont raffolent les Anglais brouillent souvent le message qui peut vous être adressé. Si vous demandez quelqu'un au téléphone, on ne vous répondra pas "Il n'est pas là" (trop direct) mais "Je ne pense pas qu'il soit là", réponse qui tient pour un non définitif. Votre insistance à savoir si la personne est présente - oui ou non ? - passera pour une marque d'impolitesse : la réponse vous ayant déjà été donnée on ne peut plus clairement ! Si vous demandez un service à un ami anglais et qu'il exprime le moindre doute sur la possibilité de vous faire cette faveur, considérez sa réponse comme un refus définitif et surtout n'insistez pas... vous passeriez pour un sans-gêne.

Les Anglais ne sont jamais avares de litotes : si votre supérieur vous dit qu'il n'est pas "impressionné" par votre travail, ne concluez pas que vos performances sont moyennes mais plutôt qu'elles sont franchement mauvaises. Dans ses "mémoires d'outre-Manche" (*L'Angleterre ferme à cinq heures*), Jacques A. Bertrand résume parfaitement ce trait du comportement anglais que beaucoup de Français prennent pour de l'hypocrisie : "L'*understatement*, cette espèce d'euphémisme sophistiqué, permettrait à l'Anglais de rester digne en toutes circonstances. On lui a appris, sans sa *haute* école, que le sentiment trahit une mauvaise éducation. Il ne doit pas exprimer de grandes joies, ni de grands chagrins, ni même ouvrir trop grand la bouche pour parler. Il est tenu de faire part de ses propres émotions avec la réserve d'un porte-parole de gouvernement. L'expression *understatement* est réputée intraduisible. De fait, le français (venu du grec) 'hypocrisie' fait souvent très bien l'affaire".

A l'inverse, lorsqu'il s'agit de faire un compliment, l'Anglais n'hésitera jamais à faire dans l'hyperbole : si vous ne répétez pas une demi-douzaine de fois *fantastic !!!!!!*, *fabulous !!!!!!*, *amazing !!!!!*, *brillant !!!!!!* Votre hôte concluera que son dîner a été un fiasco. Trop de politesse tue la politesse... Pour s'épargner la goujaterie d'avoir à formuler une réponse négative, les Anglais préféreront habituellement vous laisser dans le doute (un "peut-être" est généralement synonyme de "non") ou tout simplement sans réponse (en Angleterre, qui ne dit mot ne consent pas). Les Français voient dans ce fatras de précautions oratoires l'expression irritante d'une hypocrisie toute britannique. Les Anglais interprètent notre style plus direct comme la marque d'un sans-gêne typiquement gaulois. Bref, dans les deux sens du terme, nous ne parlons pas la même langue.

A l'étranger ou bien chez eux, les Anglais n'ont pas un besoin irrépressible de faire de nouvelles connaissances. Ils préfèrent habituellement s'en tenir au cercle plus sécurisant des amis d'enfance, de collège ou d'université. Demander son numéro de téléphone personnel à un Anglais que l'on rencontre pour la première fois, c'est faire preuve d'une réelle témérité. Disons-le franchement, en Angleterre, les interactions manquent souvent d'un soupçon de spontanéité et de décontraction (à l'exception du *pub* où l'on peut plus facilement laisser les conventions sociales au vestiaire). Le "repas à la bonne franquette" est une notion peu familière outre-Manche. Avec ce même humour incisif, Jacques A. Bertrand raconte l'expérience ô combien significative d'un Français exilé : "Ses voisins anglais-anglais, plusieurs fois invités, ne lui ont pas rendu ses invitations et il n'entre jamais chez eux. Un jour discutant sur le seuil de la maison de l'un deux, il entend distinctement prononcer les mots : 'Voulez-vous rentrer !' Il a déjà entrepris de décliner l'invitation, il ne voudrait pas déranger, lorsqu'il comprend que l'injonction était adressée au chien du voisin qui s'était faufilé dans la rue..." Si toutefois vous avez le rare privilège d'être invité à dîner, votre hôte aura mis les petits plats dans les grands et habituellement lancé l'invitation au moins quatre semaines à l'avance. Ne débarquez jamais à l'improviste à l'heure du dîner une bouteille de vin à la main chez des Anglais : vous embarrasseriez tout le monde.

Pas toujours au fait de ces us et coutumes, les Français ont tendance à prendre cette prudence pour de la distance, de la froideur, voire de l'arrogance.

Cette impression est renforcée par ce périmètre de sécurité que l'Anglais fait discrètement respecter autour de lui : ni claque dans le dos, ni tape sur la cuisse, bises sur la joue et serrage de paluches en quantité très limitée (théoriquement, seulement au moment des présentations). L'historien britannique Theodore Zeldin nous apprend d'ailleurs qu'il n'en a pas toujours été ainsi : "Tous les matins, quand vous arrivez au travail dans une usine ou un bureau en France, vous serrez la main de tout le monde. Les Britanniques croient qu'il s'agit là d'une particularité française. Mais ce sont les Britanniques qui sont responsables de l'extension de la poignée de main, héritage des Néerlandais qui y avaient recours pour conclure une affaire. L'aristocratie française de l'époque ne voulaient pas toucher des êtres socialement inférieurs et avait l'habitude d'incliner la tête à la place. Les Britanniques commencèrent alors à se moquer du formalisme français et firent de la poignée de main une marque d'égalité sociale (...) Mais quand cette habitude anglaise se répandit en France, les Anglais l'abandonnèrent aussitôt" [3]. Les choses ont bien changé depuis lors et la gestuelle anglaise évite désormais les comportements trop tactiles. Assez bizarrement, cette règle de la distance

(3)"The hundred year bitch", *The Independent*, 27 mars 2004.

corporelle souffre d'une exception : l'étreinte mécanique et un peu forcée que l'on appelle le *hug* quand deux Anglais qui ne se sont pas vus depuis un certain temps se serrent très fort dans les bras l'un de l'autre comme s'ils étaient les seuls rescapés d'une explosion en plein vol.

Peu de peuples en Europe nous sont plus étrangers que les Anglais. Chaque Français paraît regarder au nord de la Manche avec la même interrogation à l'esprit : "Comment peut-on être Anglais ?" Les co-auteurs du *Xenophobe's guide to the French* résument ainsi la (peu charitable) perception française de leurs voisins du nord : "Ils voient les Anglais comme étant étroits d'esprit, non cultivés, légèrement ridicules, mal habillés, passant le plus clair de leur temps à jardiner, jouant au cricket et buvant de la bière épaisse, sucrée et tiède dans les pubs. Malgré tout, ils continuent de se montrer curieux à leur sujet".

C'est un fait : les Anglais nous intriguent et nous déroutent par leurs contradictions. Réservés et flegmatiques ? Dans les pubs et les stades, ce n'est pas précisément l'impression qui s'en dégage. Conservateurs et arc-boutés sur leurs traditions ? Les Anglais sont tout aussi réputés pour leur créativité et leur excentricité. Prudes et réprimés ? Leur goût pour les scandales sexuels et les femmes dénudées dans les journaux prouverait le contraire. Anti-européens et repliés sur leur île ? Ce peuple de grands voyageurs est aujourd'hui le premier en Europe à parcourir le continent, Londres est devenu la capitale multi-ethnique par excellence. Le peuple anglais ne se laisse pas enfermé facilement dans une boîte et s'amuse même de ses propres contradictions. Malgré la difficulté à réconcilier tous ces contraires, les Français disent souvent de leurs voisins d'outre-Manche qu'ils sont "typiquement *British*"... Formule globalisante et difficilement contestable qui sous-entend qu'ils sont restés terriblement fidèles à eux-mêmes. Et quelque part, c'est au moins une chose que les Anglais et les Français ont en commun.

Chapitre 8

Rosbifs versus Grenouilles

"Si vous étiez Dieu et que vous souhaitiez créer le peuple le plus agaçant pour les Britanniques, il n'y aurait qu'à prendre les Français"
(Julian Barnes)

Qui aime bien, châtie bien... Si le dicton dit vrai, les Anglais doivent vraiment nous adorer. Que ce soit dans les éditoriaux, le courrier des lecteurs ou les réunions politiques, il ne manquera jamais un volontaire pour dire un peu de mal des Français. Ce n'est généralement pas bien méchant : une plaisanterie *anti-frog* par ci, une pincée de sarcasme contre les mangeurs d'escargots par là, le tout saupoudré d'un humour souvent subtil, parfois un peu lourdaud. Il arrive cependant que la taquinerie dépasse le bon goût et dégage le parfum malodorant de la xénophobie.

Si vous ne le saviez pas encore, sachez que les Français ont la réputation d'avoir une hygiène douteuse. Le fait est incontestable puisqu'il est établi... dans les livres d'histoire. A la cour de Louis XIV, les courtisans et le souverain lui-même ne boudaient-ils pas l'eau du bain aussi sûrement que les limaces évitent le sel ? L'habitude de se poudrer abondamment et de s'asperger de parfum pour dissimuler les odeurs de crasse et de transpiration nous viendrait donc directement du roi soleil et de son entourage. Même une révolution n'aurait pas suffi à chasser cette mauvaise habitude française de se délecter du fumet corporel. Tous les Anglais s'amusent de l'impérieuse requête adressée à Joséphine par Napoléon, de retour de sa campagne d'Egypte : "Ne te lave pas : J'arrive !".

Cette vérité historique a fini par revêtir les atours de la scientificité. Il y a quelques années, la presse britannique avait accueilli avec délectation une enquête affirmant que les Français utilisaient moins de savons que les Anglais... Des journaux aussi sérieux que le *Guardian* ou l'*Economist* s'étaient jetés voracement sur cette révélation fumante : "Les Français, par ailleurs sophistiqués, ont depuis longtemps manifesté une allègre indifférence à l'hygiène personnelle" affirmait le très respectable hebdomadaire sans vraiment s'interroger sur le sérieux de l'enquête (il apparaît que les Français achètent plus de gels douche). Au plus fort de la polémique sur l'Irak, un lecteur avait envoyé à un tabloïd cette devinette peu raffinée que le journal s'était empressé de publier : "Quelle est la différence entre une femme française et un loup-garou ? La femme française n'est pas aussi poilue mais le loup-garou sent moins mauvais". Inutile de préciser qu'un goût (supposé immodéré) pour l'aïl, les escargots, les cuisses de grenouille et les Gauloises brunes donne au Français une haleine qui n'en ferait pas un voisin de table particulièrement plaisant.

Les odeurs de fauve et le sexe faisant bon ménage, la patrie du Marquis de Sade serait par ailleurs obsédée par tout ce qui trouve refuge en-dessous de la ceinture. Guidés par un besoin compulsif de faire l'amour, le *French lover* passerait le plus clair de son temps à séduire, embrasser et à faire couiner les ressorts de matelas. Les publicitaires britanniques ne font rien pour tordre le cou aux vieux clichés : que ce soit pour vanter les mérites d'une marque française de voiture, de bière, d'eau minérale ou de parfum, il se trouve toujours un couple de *Frenchies*, dans un coin de l'écran, s'embrassant à pleine bouche ou forniquant sans complexe (de préférence avec la femme d'un ami). La France libertine versus la prude Angleterre : pour vendre sa bière aux Anglais, Kronenbourg n'a pas hésité à jouer sur le vieux stéorotype avec cette affiche d'une femme nue dont les parties intimes étaient masquées. "Si la Grande-

Bretagne était la France, cette affiche ne serait pas censurée" affirmait le slogan publicitaire.

Les Anglais paraissent envier ce naturel - presque cette nonchalance - avec lequel leurs voisins ont la réputation d'aborder les jeux de l'amour et de la séduction. Les Français semblent s'amuser quand les Anglais donnent l'impression de passer un entretien d'embauche : "Les Français sont des gastronomes de l'amour, les Anglais des exécutants" se gaussait l'écrivain Pierre Daninos. Grand séducteur devant l'éternel, François Mitterrand incarnait parfaitement l'image d'une France jouisseuse et fière de l'être par opposition à une Angleterre réprimée dans ses désirs et ses fantasmes. La scène de ce cercueil entouré de l'épouse, de la maîtresse et de l'enfant naturelle du président défunt a profondément marqué les Anglais. La révélation bien tardive de l'existence de Mazarine et la réaction placide (voire complice) du pays ont renforcé cette perception britannique d'une France libertine.

Le peu d'intérêt porté aux *love affairs* des présidents et des ministres finit de convaincre les Anglais que l'adultère est une pratique aussi admise que répandue au sud de la Manche. En Angleterre, de telles révélations s'arracheraient à prix d'or et mettraient un terme à une carrière ministérielle. Mieux vaut donc adopter une attitude hypocrite à la

John Major. Dans un discours retentissant, le Premier ministre conservateur en avait appelé au retour des valeurs familiales. Six ans plus tard, les mémoires de son ancienne collègue au gouvernement, Edwina Currie, révélaient qu'il avait entretenu avec elle une relation extra-conjugale. Le "monsieur gris" de la politique anglaise avait bien caché son jeu : l'homme que la presse caricaturait avec les pans de chemise glissés dans le caleçon était en fait un Tarzan des alcôves !

Avouons-le, l'image de cette France en paix avec sa libido n'est pas le stéréotype qui nous dérange le plus. Notre mauvaise réputation, question bonnes manières et courtoisie, est déjà un peu plus embarrassante. Les Anglais reviennent généralement de Paris éblouis par la beauté de Paname mais, pour reprendre leur délicieux euphémisme, "peu impressionnés" par l'attitude des Parisiens. Habitués à la bonne humeur communicative des chauffeurs de taxi parisiens, à l'amabilité légendaire des garçons de café et au dévouement sans limite de la force publique nous n'y prêtons même plus attention. Mais pour un touriste anglais, cette découverte est un véritable choc culturel. De retour au pays, il mesurera toute la chance qu'il a de demander son chemin à un *Bobbie* sans courir le risque de prendre un coup de gourdin ou d'être conduit par un chauffeur de taxi qui ne hurlera pas sur les autres automobilistes. Et quel indicible plaisir pour le piéton londonien de voir les voitures piler pour le laisser traverser ! Une file d'autos peut bien se former à perte de vue, vous entendrez rarement un coup de klaxon (à moins qu'un Français ou un Italien soit pris dans l'embouteillage).

L'indiscipline française - trop contraire à l'esprit britannique - est tout simplement une abomination. La cohue indescriptible provoquée par l'ouverture des portes d'un bus parisien horrifie un peuple qui a élevé au rang de création artistique la formation des files d'attente. L'impatience ronchonne des Français choque des Anglais habitués à prendre leur mal en patience sans élever la voix. Si leur bus est décidément très en retard, les usagers commenceront peut-être à soupirer sous l'abri-bus, plus sûrement ils feront une remarque humoristique sur la défaillance des transports urbains. Au moment de faire face au chauffeur tout le monde s'acquittera de son titre de transport sans la moindre remarque.

En Angleterre, l'expression publique de son mécontement est généralement une faute de goût. Le tempérament impétueux des Français ne cadre absolument pas avec ce flegme britannique : les éclats de voix au guichet, les doigts pointés et les coups de poing sur la vitre en plexiglas sont l'expression d'une totale inconvenance. Les Anglais ont indéniablement un plus grand respect pour l'autorité sous toutes ses formes, respect qui confine parfois à la soumission. Ils ont une sainte horreur de la confrontation et optent généralement pour la souffrance en silence : l'injustice doit vraiment être manifeste pour qu'ils se décident à exprimer leur déplaisir à haute voix (Margaret Thatcher poussa un peu trop loin le bouchon avec sa fameuse *poll tax*).

Un jeune élève anglais à qui l'institutrice demandait de lister les spécialités françaises avait écrit sans malice : "Le vin, le fromage et les grèves". L'anecdote est significative : les Britanniques nous voient comme les dignes héritiers des sans-culottes. Ils portent un regard ironique sur cette habitude bien française à descendre dans la rue et à paralyser le pays pour "défendre ses droits". Cet amusement vire rapidement à l'acrimonie quand les agriculteurs, les pêcheurs, les cheminots, les routiers, les ambulanciers s'avisent à couper la route du retour vers leur "home, sweet home". Il est bien difficile de leur faire comprendre que tout le monde (y compris nos voisins) doit pouvoir profiter de ce rituel français. C'est la raison pour laquelle la gendarmerie ouvre la voie aux tracteurs et aux poids lourds français qui convergent vers le tunnel sous la Manche avec, pourtant, l'intention manifeste de le bloquer.

Le goût immodéré des Français pour les grèves et les mouvements sociaux suscite, chez les Anglais, un sentiment contradictoire d'attraction et de répulsion. La constante agitation sociale dans l'Hexagone ne fait que confirmer leur caractère râleur, contestataire et éternellement insatisfait. "Tellement typique des Français"... cette réaction d'une passagère irritée par le retard de son vol Londres-Paris (en raison d'une grève dans la distribution de carburant à Roissy-Charles de Gaulle) résume parfaitement ce désabusement britannique à l'égard de ce pays où une lutte catégorielle chasse l'autre. Mais il se trouve aussi beaucoup d'Anglais pour admirer la pugnacité des Français dans la défense de leurs acquis sociaux. En Grande-Bretagne, la tolérance aux injustices sociales est traditionnellement plus forte surtout après une décennie thatchérienne qui a cassé le pouvoir syndical et encouragé un individualisme forcené ("la société n'existe pas" proclamait la Dame de fer). Trahissant peut-être là un manque chez les Anglais, cet esprit de lutte collective si typiquement français exerce une certaine fascination.

C'est ainsi qu'à l'automne 2000 les routiers, les taxis et les fermiers britanniques tentèrent d'imiter le mouvement de révolte contre la hausse du prix des carburants démarré en France.[1] Jamais probablement l'idée de bloquer des raffineries et des dépôts d'hydrocarbures ne serait venue à l'esprit des manifestants s'ils n'avaient réalisé qu'en France de telles actions pouvaient être récompensées par une baisse des taxes sur l'essence. Jusque là, ils protestaient de façon très *british* : pétitions, défilés, opérations escargot et coups de klaxon. S'inspirant du jusqu'au-boutisme gaulois, les manifestants encerclèrent donc les centres de ravitaillement. Las, au bout d'une semaine de conflit, les protestataires levèrent leurs barrages sans obtenir aucune des concessions accordées à leurs homologues français. En Angleterre, la rue n'a pas tout à fait le même pouvoir...

L'Hexagone a beau être situé à la croisée de l'Europe du Nord et de l'Europe du Sud, la France reste irrémédiablement "latine" aux yeux des Britanniques. Et pas seulement en raison du soleil de la Côte d'Azur, des femmes brunes et bronzées et de

(1) "Le mouvement à la française" comme l'écrivaient à l'époque - en français dans le texte - les journaux anglais.

la cuisine méditerranéenne... L'esprit latin se manifesterait également dans un manque supposé d'entrain au travail. La pause-déjeuner en France ne prend-elle pas au moins une heure à la terrasse d'un café quand dans l'Angleterre protestante les salariés avalent rapidement le contenu de leur *lunch-pack* sur le coin d'un bureau ? Dans ce pays où l'on compte déjà cinq semaines de congés payés (une de plus qu'en Grande-Bretagne), 11 jours fériés (contre 8 dans le calendrier anglais), on ne trouve rien de plus naturel que de réduire la durée de travail hebdomadaire à 35 heures quand l'Union Européenne a dû se battre pour imposer en Angleterre un plafond légal de 48 heures. Dans une campagne de publicité anglaise, la marque Kronenbourg (encore elle) exploite ce vieux cliché de l'indolence française symbolisée par cet agenda ouvert au mois d'août et barré intégralement de la mention "Holiday" (vacances). Le slogan qui accompagne la photo n'a pas besoin de traduction anglaise sur l'affiche : "Vive la vie française !". Si l'on ajoute à tout ceci, les épidémies de grèves et les généreuses indemnités chômage versées par l'Etat français, l'Angleterre néo-libérale de Tony Blair se demande comment ce pays parvient encore à fonctionner. D'autant plus que la France est rongée par la corruption de la tête aux pieds !

Cette république quasi-bananière ne s'est-elle pas choisie sans honte un chef d'Etat qui, au lieu de se pavaner sur la scène internationale, mériterait de moisir dans une cellule ? Ce jugement peu amène est exprimé en des termes à peine moins charitables, à la Chambre des communes, par un député travailliste. Quelques jours après le fameux incident ayant opposé Blair et Chirac au sujet de la Politique Agricole Commune, le parlementaire Tony Wright veut savoir de quelle impolitesse le chef du gouvernement s'est rendu coupable : "Puis-je demander au Premier ministre de nous dire à quel point il a été mal-élevé avec Monsieur Chirac ? (rires) Lui a-t-il peut-être rappelé que si le président français n'était pas à l'Elysée, il serait très probablement en prison ? (éclats de rire)". Tony Blair répondra, avec une mine gourmande, que ce ne sont pas précisément les propos qu'il a tenus au chef de l'Etat français...

Quand, le 15 mars 1999, la Commission européenne sombre corps et âme pour des histoires de fraudes et de mauvaise gestion, personne en Angleterre ne s'étonne de voir une certaine Edith Cresson au coeur du scandale. L'ancien Premier ministre socialiste est accusé d'avoir favorisé l'embauche d'un ami dentiste qui n'avait ni la compétence ni le temps pour les rapports grassement rémunérés qui lui étaient commandés par la Commission. Ce manque supposé de probité des élites françaises trahit, aux yeux des Anglais, un problème plus global. N'est-ce pas cette France profonde qui crie aux "tous pourris" mais reste fascinée par Bernard Tapie et réélit des repris de justice à Béthune ou Levallois-Perret leur accordant la fameuse "prime à la casserole"? Ne sont-ce pas ces indécrottables chauvins qui se pressent le long des routes du tour de France pour acclamer leur idôle... un cycliste mythomane convaincu de dopage ? Une telle attitude ne peut que laisser dubitatifs des Anglais habitués, chez eux, à un peu plus d'exigence vis-à-vis des personnages publics. Les dirigeants et les élites du pays seraient à l'image de Français d'autant plus tolérants avec les affaires de corruption et la triche qu'ils sont, eux-mêmes, des spécialistes de "la débrouille". La fraude d'en haut, la fraude d'en bas en quelque sorte... En visite à Paris, les Anglais regardent avec des yeux ronds trois usagers du métro sur dix enjamber les tourniquets comme s'il s'agissait d'un 110 mètres haies. Cette resquille à grande échelle leur semble d'autant plus choquante que le métro londonien fonctionne nettement moins bien et coûte trois fois plus cher. Pourtant tout le monde s'y acquitte d'un titre de transport.

Dans leur grande mansuétude, nos voisins du nord veulent bien excuser notre hygiène douteuse, notre lubricité, notre muflerie, nos grèves à répétition, notre probité très relative... mais ce qu'ils ont bien du mal à pardonner c'est cet orgueil si typiquement hexagonal. "Les Français étant tellement remplis de cet amour d'eux-mêmes, ils ne se préoccupent pas vraiment de la façon dont ils sont perçus" font remarquer les co-auteurs du *Xenophobe's guide to the French*. Pour les Anglais, parler d'une France arrogante tient du pléonasme. Le contentement de soi et l'absence de modestie seraient des caractéristiques nationales aussi sûrement que le Roquefort et le Château Margeaux sont des spécialités françaises. Ce n'est pas le trait d'humour de cet entrepreneur français à Londres, expliquant que "les Français sont arrogants parce qu'ils ont le plus beau pays, les plus belles femmes et la meilleure cuisine", qui fera mentir cette réputation...

Cette fatuité hexagonale n'est jamais plus visible que lorsque la France prétend tenir tête aux Américains, posture qui ne manque pas de susciter un mélange d'irritation et d'admiration outre-Manche. Les Anglais interprètent souvent cette "résistance anti-américaine" comme le moyen trouvé par les Français pour faire parler d'eux. Au bout du compte, il s'agirait plus de gonfler l'orgueil national que de chercher à peser sur le cours des choses. Typique, cette réaction d'un internaute britannique sur le site de la BBC, peu avant la guerre en Irak : "Dans les relations internationales, la France fait toujours du bruit, lève les bras au ciel en faisant comme d'habitude des grands moulinets, essaie de créer de l'agitation, puis rentre dans le rang. Non seulement le désaccord franco-britannique va être réglé, la France enverra des troupes, des avions et des bombes sur l'Irak. C'est juste tellement prévisible". La suite prouvera que non.

Néanmoins cette réaction résume assez bien le point de vue d'une partie de l'opinion britannique. Les coups d'éclat français face à l'Amérique sont souvent assimilés à des gesticulations diplomatiques sans lendemain. Beaucoup d'Anglais, à l'instar de notre internaute anonyme, pensent que la France brasse beaucoup d'air, se gargarise d'idées nobles, se lance dans de grandes envolées lyriques sans vraiment se préoccuper des résultats concrets de ses prises de position. L'important serait pour les Français de continuer à vivre dans l'illusion de leur grandeur passée. Plus réalistes, les Anglais auraient eux accepté leur rang : celui d'une puissance moyenne.

Qui plus est, vu d'Angleterre, la patrie auto-proclamée des droits de l'homme donne l'impression d'une extraordinaire duplicité. La perfide Albion nous renvoie à la figure le compliment d'hypocrisie: derrière nos beaux discours de liberté, d'égalité et de fraternité se cacheraient toute sortes d'arrière-pensées contredisant les valeurs mêmes que la France prétend défendre. Au hasard d'une conversation, votre hôte anglais évoquera l'Algérie, le *Rainbow Warrior*, le Rwanda ou Jean-Marie Le Pen, histoire de vous rappeler discrètement que le "droit-de-l'hommisme" à la française est loin d'être immaculé. Les Britanniques sont d'ailleurs convaincus d'en faire tout autant (sinon plus), sur le plan des droits de l'homme, sans éprouver le besoin de le trompetter à la face du monde.

Tous les Anglais - loin de là - ne reprochent pas aux Français de flatuler plus haut que leur séant. Certains se laissent séduire par le charme chevaleresque de la diplomatie "made in France" : "J'admire vraiment la vision française. Ils placent leur propre pays en premier et se moquent du reste. Si nous adoptions leur approche et si nous nous levions pour notre pays comme ils le font pour le leur, peut-être nous respecteraient-ils un peu plus" écrit un autre internaute sur le site de la BBC. Beaucoup de Britanniques nous envient d'avoir l'effronterie de dire non aux diktats américains quand leur gouvernement donne, lui, l'impression de céder au moindre désir de l'oncle Sam. Bien avant la crise irakienne, le journaliste britannique Jonathan Fenby observait déjà dans son livre *Comment peut-on être Français ?* : "Les rails de votre indifférence sont bien tracés et si vous intriguez tellement les Britanniques, c'est justement parce que vous êtes différents, parce que vous refusez obstinément de marcher aux sons des trompettes de Washington ou d'ingurgiter bêtement les idées reçues du libéralisme à outrance (...) Tout en étant au centre du processus de l'unité européenne, vous êtes bien décidés à demeurer le peuple d'une orgueilleuse nation-Etat qui définit son propre rythme dans le temps, quoi que puisse en penser le reste du monde".

Le stéréotype de "l'anti-américanisme primaire des Français" est aussi répandu en Grande-Bretagne que le vieux cliché de "l'américanisme pavlovien des Britanniques" l'est en France. Faute d'être parvenus à tisser les mêmes liens étroits avec la première puissance mondiale, les Français auraient décidé de faire dans la surenchère anti-américaine. En lisant certains journaux, les Anglais peuvent avoir l'impression que leurs voisins passent plus de temps à brûler des bannières étoilées et à saccager des *MacDo* qu'à travailler. Figure familière en Angleterre, José Bové offre la caricature du parfait gaulois : gueulard, anti-américain et fabricant de fromages non pasteurisés. Le paysan de

Millau symbolise à lui-seul l'indécrottable anti-américanisme de la nation française. Et qu'importe si la France abrite sur son territoire le plus grand nombre de *MacDo* en Europe, si *Mickey Mouse* a élu domicile à Marne-la-Vallée, si les Français sont comme partout ailleurs de grands consommateurs de superproductions américaines. L'essentiel est que demeure la bonne vieille caricature d'une France hostile à tout ce qui vient d'outre-Atlantique.

La vérité est pourtant que cet anti-américanisme n'est pas aussi aveugle que beaucoup d'Anglais voudraient le croire. A la fin de l'année 2002, le *Pew Research Center* de Washington publiait une enquête montrant que 63% des Français avaient une bonne opinion des Etats-Unis. Depuis l'arrivée de George Bush au pouvoir, l'image de l'Amérique s'était pourtant dégradée un peu partout dans le monde. La France était l'un des rares pays (avec la Russie) où l'on enregistrait une légère progression des opinions positives. Il aura fallu attendre le cataclysme diplomatique sur l'affaire irakienne pour assister à une chute brutale des jugements favorables sur l'Amérique.[2] Contrairement à l'idée reçue

(2) 34% des Français disent faire confiance aux Américains contre 64% qui ne leur font pas confiance. Enquête BVA réalisée en mars 2004.

en Angleterre, ce n'est pas le supposé anti-américanisme des Français qui les aurait donc poussés à s'opposer à la guerre en Irak mais l'opposition à la guerre en Irak qui les aurait incités à devenir plus anti-Américains.

Le gazon d'un stade de football ou de rugby reste assurément le dernier champ de bataille où peuvent encore se régler de façon musclée près de mille années d'animosité réciproque. La dernière coupe du monde de rugby en Australie n'a pas failli à la tradition des échanges aigres-doux entre la France et l'Angleterre, la guerre psychologique s'enflammant après des propos peu amènes du sélectionneur français Bernard Laporte ("Je n'aime pas les Anglais. Personne n'aime les Anglais" aurait dit le *coach* français).[3] Pourtant, lorsqu'on fait abstraction des équipes nationales et qu'on redescend au niveau des clubs, la vieille rivalité franco-britannique disparaît comme par enchantement. Les footballeurs français font même l'objet en Angleterre d'une véritable adulation. Interrogés sur les Français les plus connus, les Anglais citaient Thierry Henry en

(3) Bernard Laporte rendra hommage au Quinze de la rose, pour son fair play, après la victoire française au tournoi des six nations au printemps 2004

deuxième position, entre Jacques Chirac et François Mitterrand. Eric Cantona arrivait en 6ème position, juste derrière Brigitte Bardot.[4]

Bien qu'inventeurs du beau jeu, les Anglais n'hésitent pas à admettre que les footballeurs et les entraîneurs français ont donné une nouvelle dimension à leur *Premiership*. Un peu de tendresse dans un monde de brutes... des joueurs tels qu'Eric Cantona, David Ginola, Thierry Henry ou Robert Pires ont apporté une touche quasi-artistique à un jeu anglais jusque là réputé pour sa rudesse. Admiratifs, les spécialistes du ballond rond louent cette *French touch*, à savoir une certaine classe et un goût pour l'esthétisme. Des artistes français sur le terrain, des intellectuels français sur les bancs de touche : avec leur allure de professeurs, Gérard Houiller et surtout Arsène Wenger ont donné une dimension plus cérébrale au *coaching* anglais. Les entraîneurs d'Arsenal et de Liverpool ont d'ailleurs été récompensés pour leurs services rendus au ballon rond. Les deux Français ont été promus, en juillet 2003, officiers de l'Ordre de l'Empire britannique. En leur remettant leur prestigieuse décoration, le ministre des Affaires étrangères Jack Straw ne pouvait s'empêcher de faire allusion à la

(4) Enquête BVA, mars 2004.

querelle franco-britannique encore fumante, après la crise irakienne : "Je sais que les Français et les Britanniques ne sont pas toujours d'accord, et il existe de nombreuses raisons à cela, mais je pense que c'est parce que nous avons tant de notre histoire en commun et parce que nos destins sont si imbriqués. Au-delà, il existe néanmoins en Grande-Bretagne une affection et un respect profond pour la France et son peuple, chose prouvée par la façon dont les gens du nord de Londres et de Liverpool, et le pays dans son ensemble, se sont pris d'affection pour Gérard et Arsène".

Le football, formidable vecteur de l'amitié entre les peuples ? On pourrait avoir quelques doutes... Et pourtant, ce sport qui véhicule souvent un racisme et une xénophobie sans fard peut aussi faire souffler une brise de francophilie sur les gradins anglais. A Old Trafford, Manchester United, le nom de "God" (Dieu) - plus modestement : Eric Cantona - était acclamé par 60.000 spectateurs, à l'occasion la Marseillaise était même entonnée dans le stade ! De la même façon, il est réconfortant de voir le public français, réputé pour son chauvinisme, soutenir de tout coeur la petite Anglaise, Ellen Mac Arthur, pourtant adversaire directe du Français Michel Desjoyaux dans le Vendée Globe Challenge 2001. Comme quoi, le sport peut parfois faire beaucoup plus pour l'amitié franco-britannique que des visites d'Etat.

La France, le pays des idées ? Cette image reste très répandue en Angleterre où l'on imagine les arrière-salles enfumées de cafés parisiens résonnant encore de débats politico-philosophiques, comme au temps des existentialistes. Le stéréotype, plutôt flatteur, n'est pas toujours positif : ce côté intellectuel se confond souvent, dans l'esprit des Britanniques, avec une certaine pédanterie typiquement française. Pour beaucoup d'Anglais, le cinéma "made in France" a, par exemple, une fâcheuse tendance à se prendre trop au sérieux (un peu à l'image du pays lui-même). Longs monologues, absence d'action, pathos psychologique : le 7ème art français a la réputation de faire fonctionner les neurones mais rarement les zygomatiques. En comparaison, le cinéma anglais préfère éviter le conceptuel au profit des comédies ou des chroniques de moeurs. Les films français sont généralement projetés en version originale dans un nombre limité de salles britanniques, en dehors des grands circuits de distribution (squattés par les superproductions américaines).

Le *French cinema* a pourtant ses adorateurs en Angleterre. Les critiques britanniques se montrent habituellement très bienveillants avec tout ce qui traverse la Manche, comme si l'estampille *French* était, à elle seule, une garantie de qualité. A l'instar de la gastronomie ou de la mode, le cinéma français débarque en Angleterre précédé de sa bonne réputation : il attire un public de connaisseurs qui trouve là le moyen d'arborer sa distinction sociale. Question art de vie, réflexion intellectuelle, création artistique, la production hexagonale est - à tort ou à raison - associée au haut de gamme. Le phénomène n'est pas nouveau : la francophilie a toujours été très répandue dans les classes sociales les plus élevées : "Les élites ont tendance à s'admirer mutuellement et les peuples à se mépriser" disait à ce propos l'anglophile Maurice Druon.

Un certain snobisme reste donc attaché à tout ce qui a le bonheur d'être français, à commencer par la langue de Molière. C'est toujours avec délectation que certains Anglais glissent, dans une conversation, l'une de ces nombreuses expressions françaises qui truffent encore leur langue. Typiquement ces mots se réfèrent le plus souvent à un certain art de vie (pas précisément à l'informatique ou à la finance). Petit florilège de ces expressions françaises qui donnent quelques couleurs hédonistes à la langue anglaise : *à la carte, avant-garde, billet doux, bon voyage, bourgeois, cause célèbre, c'est la vie, crème de la crème, cherchez la femme, débutante, enfant terrible, haute cuisine, je ne sais quoi, joie de vivre, nouveau riche, par excellence, pièce de résistance, raison d'être, rendez-vous* etc... La liste n'est pas exhaustive et aurait presque de quoi inquiéter l'académie anglaise... si elle existait. A dire vrai, l'anglais n'est pas menacé de francisation : ces coquetteries linguistiques n'ont cours que dans des cercles distingués.

En 1994, lorsque Jacques Toubon, alors ministre de la Culture, avait lancé sa croisade contre l'utilisation de mots anglais dans la langue française (sur les ondes, dans les textes officiels, dans les manuels...), le projet de loi de "Monsieur *Allgood*" avait été ridiculisé à la Chambre des communes. Un député anglais avait alors proposé, en rétorsion, l'introduction d'une loi bannissant tous les mots français de la langue anglaise. Pour démontrer le ridicule de la proposition "toubonesque", le parlementaire s'était lancé dans une longue argumentation truffée de ces mots français qui pimentent la langue de Shakespeare : *baguette, croissant, bon viveurs, apéritifs, hors d'œuvres, restaurants, menu, nouvelle cuisine, ménage à trois, fait accompli, risqué, liaison dangereuse, crime passionnel, déjà vu, pied-à-terre, cul-de-sac, faux pas*... Ce *Mister* Steen s'interrogeait même si les Français allaient désormais demander "deux tranches de pain avec quelque chose au milieu" au lieu d'un "sandwich". Pour ramener un peu de sérieux dans une Chambre hilare, Madame la *Speaker* avait coupé cette démonstration fort divertissante en demandant - en français - "la guillotine" ![5]

Affirmons-le sans modestie (et confortons ainsi le vieux cliché sur notre manque supposé d'humilité) : les Anglais envient les Français ! Leur épicurisme, leur charme, leurs grands débats intellectuels, leur fierté à être eux-mêmes les rendent secrètement admiratifs. A l'inverse, leur arrogance, leurs mauvaises manières, leur esprit revendicatif et indiscipliné les irritent prodigieusement. De ce point de vue, il n'est pas faux d'affirmer que les Anglais entretiennent avec la France cette fameuse relation "amour-haine" dont il est si souvent question.

Dans l'engouement britannique à bastonner (symboliquement) les Français, il est difficile de ne pas voir : primo une indiscutable obsession, secundo une certaine attraction, tertio une possible jalousie. Dans *Les Anglais. Portrait d'un peuple*, Jeremy Paxman se montre même plus catégorique : "Partout où je me suis adressé dans mon enquête préliminaire au présent livre, la comparaison est immanquablement revenue : les Anglais regardent

(5) Débats à la Chambre des communes. Le 07 juin 1994.

leur ennemi historique par-delà la Manche et ils ne peuvent masquer leur jalousie". Au-delà des chiffres (trois fois plus de visiteurs britanniques en France que de Français en Grande-Bretagne, deux fois plus de ressortissants britanniques installés en France), ce sont les motivations à traverser la Manche qui sont particulièrement éclairantes. Les Anglais mettent généralement en avant la qualité de vie, la beauté du pays, la douceur du climat, la gastronomie française... On discerne là une approche sentimentale - presque un désir sensuel - de la France.

Les motivations françaises vis-à-vis de l'Angleterre sont habituellement d'ordre plus pratique : apprentissage de la langue, salaires plus élevés, flexibilité du travail, liberté d'entreprendre... Il n'existe donc pas une "attraction" française pour l'Angleterre dans le sens où ce pays déclencherait des stimuli de plaisir si indispensables aux épicuriens que nous sommes. (Un sondage proposant un regard croisé des deux peuples est, à cet égard, significatif : les Britanniques trouvent les Français "raffinés" à 64%, "imaginatifs" à 69%, "séduisants" à 55%. Les Français trouvent les Britanniques "raffinés" à 38%, "imaginatifs" à 27%, "séduisants" à 16%). [6]

(6) Enquête BVA/ICM réalisée en mars 2004 pour *Libération* et *Le Guardian*.

Nombre de ressortissants français vous diront en revanche combien ils apprécient un certain dynanisme : le "buzz" anglais. Avec le bénéfice de l'expatriation, la France peut soudainement apparaître sclérosée et repliée sur elle-même. Malgré tout, certains expatriés français ne manquent jamais de se conformer à ce "franco-centrisme" qui agace tant leurs hôtes britanniques. Les Français ont la fâcheuse tendance à ramener tout ce qui se fait, se dit ou s'écrit en Grande-Bretagne à l'aune des pratiques hexagonales pour généralement conclure à la supériorité française. Il faut certainement, alors, une bonne dose de flegme anglais pour ne pas faire remarquer à ces expatriés apologistes de la mère-patrie que personne ne les retient sur leur île d'adoption et de désolation.

Chapitre 9

La guerre des clichés : la faute des médias ?

> *Cliché :* *"Idée ou expression toute faite trop souvent utilisée"*
> (Le petit Robert)

Ainsi va la vie médiatique : la radio et la télévision sont sans cesse à la quête du "bon client". Autrement dit : l'invité qui - devant un micro ou une caméra - saura exprimer des idées claires ramassées en quelques phrases bien senties, le tout pimenté d'une pointe d'humour ou d'émotion. La durée des sujets (en général pas plus d'une minute et quinze secondes pour les "JT") ne laissant guère de place au développement d'idées complexes, seules les formules qui claquent, qui choquent, qui amusent passent généralement le cap de la salle de montage. Pour accrocher l'attention de l'auditeur et du téléspectateur, il faudra - autant que faire se peut - éviter la demi-mesure. Attention, il n'est pas question de "bidouiller". Il s'agit simplement de rendre le sujet plus "vendeur" en trouvant le "bon client". Il faut d'ailleurs noter que le téléspectateur se fait le complice de cette approche "commerciale" de l'info : votant avec sa télécommande, il zappera plus volontiers un sujet "Palestine" qu' un reportage "vache à douze pis dans le Périgord".

De ce point de vue, l'Angleterre peut être considérée comme un très "bon client" pour les médias français. La production journalistique le prouve : seuls les correspondants de Washington dépassent leurs confrères de Londres en quantité de sujets produits chaque année. Ceci explique certainement que les Français soient nettement mieux informés sur l'actualité britannique que les Anglais sur l'actualité française:[1] Cet engouement médiatique n'a, a priori, rien d'extraordinaire : Londres est la plus grosse capitale européenne, la première place financière en Europe, le Royaume-Uni est l'un des cinq "grands" à l'ONU, le théâtre de nombreux événements culturels et artistiques, la patrie du Dieu football, de la famille royale et des tabloïds... (A noter que la personnalité de Tony Blair fascine bien plus les Français que son prédesseur

(1) Sondage BVA/ICM réalisé en mars 2004 pour *Libération* et le *Guardian*.

John Major et fait donc l'objet d'une couverture médiatique impressionnante). Bref, les raisons objectives d'accorder une place raisonnable dans l'actualité à nos voisins britanniques ne manquent pas. Mais, ce simple constat n'explique pas, à lui seul, cette assez nette surexposition médiatique du Royaume-Uni comparé à l'Espagne, l'Italie (si l'on excepte le Vatican) ou même l'Allemagne. Malgré son poids démographique, économique, politique, ses liens privilégiés avec la France, le voisin d'outre-Rhin n'excite pas l'imagination française autant qu'une Grande-Bretagne réputée pour son excentricité.

La grande chance du correspondant en poste à Londres est de pouvoir traiter des sujets les plus variés sans crainte de s'ennuyer : un jour les mésaventures du Prince Charles, le lendemain le démantèlement d'un réseau islamiste, le surlendemain une rencontre de football... Lorsque l'actualité se fait "molle", l'Angleterre continue d'être cette formidable "mine de sujets", ce pays où jamais ne se tarit le filon des histoires loufoques, déroutantes, drôles ou salaces. Les agences de presse remplissent abondamment la rubrique "insolite" de dépêches traitant d'histoires abracadabrantes généralement piochées dans les tabloïds anglais, rarement à cours d'inspiration.

Comme chacun sait, l'information est relative : en dehors des sujets incontournables (attentats, accidents, crises politiques, mouvements sociaux, visites officielles...), l'actualité dépend largement du choix des rédactions qui est, lui, dicté par les goûts supposés du téléspectateur. Il y aura donc une tendance quasi-naturelle à vouloir "faire de l'audience" en privilégiant les sujets accrocheurs, autrement dit : les faits divers spectaculaires, les histoires déroutantes, les sujets *people*... Au bout de la chaîne, le correspondant est soumis à ces choix éditoriaux. Tout dépend bien sûr du support, mais *mutatis mutandis* le correspondant en poste à Londres sait que "l'institutionnel" (comme par exemple, le processus de paix en Irlande du Nord) a souvent moins de chance de passer le cap de la conférence de rédaction que des histoires plus "grand public" : un vengeur masqué qui tronçonne les sabots posés sur les voitures en stationnement interdit, un contribuable mécontent qui fait rouler une cacahuète avec son nez sur le trottoir jusqu'au 10 Downing Street, un naturiste intégriste qui refuse de se vêtir et parcourt le pays de long en large exhibant sa virilité sous l'oeil goguenard des passants, le corgi de la Reine déchiqueté par le bull terrier de la princesse Anne etc...

La couverture française de l'actualité britannique aura tendance à insister sur l'anecdotique et le bizarre comme pour mieux conforter le vieux cliché d'une Angleterre excentrique. Bien installé dans son canapé, le téléspectateur français doit voir confirmée sur le petit écran sa perception familière d'un peuple décidément pas comme les autres. Il doit pouvoir reprendre à son compte la fameuse formule d'Astérix : "Ils sont fous ces Anglais !". Trop heureux de voir validée son opinion sur les Britanniques, le téléspectateur français prend un certain plaisir à la diffusion de ces petits sujets légers et bien souvent ironiques. Avec son goût naturel pour l'autodérision, l'Angleterre ne se fait d'ailleurs pas prier pour étaler ses excentricités.

Tyrannie de l'image, les correspondants de télévision se verront demander des prises de vue qui évoquent une Angleterre carte postale. Quand il s'agit des Anglais, il faut du typique ! Il faudra dénicher ces messieurs au chapeau melon même s'ils ont disparu des trottoirs de la City. On ira pister du côté de Camden Town la crête des derniers Mohicans de la "punkitude". On préférera filmer un *gentleman farmer* plutôt qu'un paysan rougeaud. De telles images ne sont pas fabriquées *ex-nihilo* : elles reflètent une certaine réalité, fût-elle de moins en moins représentative. Et c'est bien le propre du cliché : ni totalement dans le vrai, ni complètement dans le faux. De bonne guerre et plutôt inoffensif, me direz-vous ? Dans ce cas, les Français ne doivent pas s'offusquer de voir les tabloïds anglais les représenter un béret vissé sur la tête, arborant un joli pull marin, la baguette sous le bras. Après tout, au fin fond de nos campagnes, on finira toujours par trouver un Français répondant à un tel signalement...

Le malheur, pour le correspondant français en poste à Londres, est que l'Angleterre est tout sauf un terrain vierge. A l'inverse de beaucoup de pays qui laissent le grand public indiffèrent, la Grande-Bretagne est un voisin sur lequel tout le monde en France semble avoir des opinions bien arrêtées, à commencer par les rédacteurs en chef... Dans le flot des clichés sur "le royaume de Sa Grâcieuse Majesté", comme on dit à la télé, le correspondant aura parfois bien du mal à ramer à contre-courant des idées reçues. Phénomène naturel, les rédactions parisiennes privilégieront les informations qui confortent l'image que l'on se fait de l'Angleterre. La durée couperet des reportages radio et télé ne laissant guère de place aux précautions oratoires, aux détails et aux développements complexes, le risque est alors de tomber franchement dans la caricature. Ce danger guette naturellement tout correspondant à l'étranger, cependant, dans le cas de l'Angleterre, la pression pour produire ces images d'Epinal paraît bien plus forte.

L'intérêt marqué des médias français pour la famille royale ne manque jamais d'intriguer les Anglais. Venant d'un pays si fier d'avoir raccourci son dernier grand souverain, cette boulimie d'informations sur la vie des Windsor ne trahirait-elle pas un certain manque ? Cette France cartésienne et farouchement républicaine ne regretterait-elle pas secrètement cette part de rêve que procurent les têtes couronnées ? L'intérêt et le respect pour la chose monarchique s'émoussant en Grande-Bretagne, en particulier chez les jeunes, il y a une certaine incrédulité britannique à voir les médias français se passionner pour les palinodies d'une institution poussiéreuse retranchée derrière les grilles de palais anachroniques.

En réalité, si les Français s'intéressent à la monarchique anglaise, ce n'est pas seulement en raison de l'étrange fascination qu'exerce une institution si contraire à nos principes républicains. Ceci leur permet également de se moquer gentiment des Anglais. Loin de la déférence de la BBC, les correspondants français adoptent un ton habituellement badin et ironique quand il est question des Windsor. Les histoires de valets, de majordomes, d'écuyers et autres corgies royaux ont l'énorme avantage de présenter la monarchie (et à travers elle le royaume) sous un jour un peu ridicule. En France, l'avalanche de sujets traitant de la famille royale peut donner l'impression qu'il s'agit là d'une obsession anglaise. La réalité est pourtant que les Britanniques sont bien loin de ne jurer que par la couronne : en réalité seulement 10% des jeunes considèrent que la famille royale revêt une certaine importance dans leur vie.[2] Une majorité des sujets de Sa Grâcieuse Majesté juge que le principal mérite de la monarchie est aujourd'hui de faire marcher... le tourisme. Une appréciation qui ne cadre pas franchement avec cette image du bon peuple britannique docilement agenouillé devant l'honorable institution.

Dans un registre moins léger, les rédactions françaises se passionnent pour le crime "made in England". La terre de Jack l'éventreur et de Sherlock Holmes a - il est vrai - le potentiel pour captiver un public en mal de sensations. "La maison de l'horreur" de Gloucester, l'affaire du petit Bulger martyrisé avant d'être tué par deux gamins de Liverpool, l'histoire du "Docteur la mort" bon médecin de famille devenu *serial-killer*, le double

(2) Sondage réalisé en 2003 pour le *News of the World*.

meurtre de Holly et Jessica assassinées par le concierge de l'école sont autant de faits divers qui eurent un fort retentissement en France. Le fait que ces affaires se déroulent sur le sol britannique plutôt qu'en Allemagne, en Espagne ou en Suède semble donner une "plus-value" à l'histoire. Le facteur "tabloïds anglais" n'y est certainement pas étranger : il est souvent bien difficile d'ignorer le tapage médiatique qu'ils peuvent faire. Les Anglais savent, mieux que quiconque, "théâtraliser" les faits divers. Ainsi, dans la torpeur de l'été 2002, TF1 consacra pas moins de 28 sujets à l'affaire Holly et Jessica, plusieurs grandes radios dépêchèrent sur place un envoyé spécial, les journaux se fendirent de double pages sur la disparition des deux gamines. Relativité de l'information : quelques mois plus tôt, une histoire tragiquement identique avait eu lieu en Scandinavie. L'histoire fut totalement passée sous silence par les médias français et européens.

L'Angleterre intrigue, amuse, surprend, irrite mais, au bout du compte, suscite assez peu de commentaires admiratifs. Les médias français ont même une certaine jubilation à montrer ce qui ne fonctionne pas outre-Manche (la fonction d'un journaliste est d'ailleurs généralement de parler des trains qui n'arrivent pas à l'heure). Là encore, il ne s'agit pas de constats nés de l'imagination des journalistes. Les correspondants n'inventent pas, justement, les accidents de train causés par l'état déplorable du réseau ferré britannique. Cependant, le message doit être à ce point négatif pour qu'en France tout le monde s'étonne que vous risquiez encore votre peau dans ces tombeaux roulants. A ce propos, il est significatif que le film de Ken Loach (*Les navigateurs*) sur les mésaventures du rail anglais ait rencontré un certain succès en France. En Grande-Bretagne ce même long-métrage était passé pratiquement inaperçu.

Le délabrement des services de santé britannique est un autre grand sujet de prédilection des médias français. Avouons-le : c'est avec une pointe de fierté que nous regardons ces patients anglais traverser la Manche pour venir humblement se faire opérer dans des cliniques françaises, solution de secours trouvée par un *National Health Service* au bord de l'apoplexie. Les carences du *NHS* (18ème rang dans le classement établi par l'Organisation Mondiale de la Santé) ne sont bien sûr pas une invention journalistique, de même que les bavures médicales auxquelles les médias français ne manquent jamais de donner une certaine publicité. Cependant, l'accumulation de sujets négatifs laisse imaginer une médecine britannique digne du tiers-monde.

Ne faudrait-il pas rappeler, de temps à autre, qu'en dépit de ses nombreux défauts, le système offre la gratuité et un libre-accès aux soins (à condition ne pas être trop pressé) ? Il n'est pas inutile de préciser que c'est ce même système de santé qui est en pointe dans certaines spécialités et a produit deux fois plus de prix Nobel de médecine que la France.

Au sud de la Manche, tout le monde semble avoir une opinion bien tranchée sur le modèle économique et social britannique. Royaume des injustices pour les uns, paradis libéral pour les autres, la Grande-Bretagne sert souvent, au choix, de modèle ou de contre-exemple. Premier constat indiscutable : les inégalités sociales y sont nettement plus marquées qu'en France, l'imposition y est globalement moins forte. Mais contrairement à une idée répandue, dix-huit années de conservatisme pur et dur n'ont pas sonné le glas du *Welfare State*. Le système d'aides sociales y est peut-être moins généreux qu'en France, il est en tout cas loin d'être inexistant. Rappelons-le : le système de santé repose sur le principe de la gratuité des soins pour tous... pas vraiment la caractéristique d'un Etat supposément ultra-libéral. Autrement dit, contrairement à l'idée trop souvent véhiculée, l'Angleterre n'est pas une Amérique en miniature.

En France, on continue pourtant de garder à l'esprit ce schéma d'une société britannique post-thatchérienne coupée en deux : une moitié cherchant à survivre sans l'aide de l'Etat (comme au temps de Dickens), l'autre moitié vivant dans l'opulence, le cigare aux lèvres, une main sur le volant de la Rolls Royce. Encore une fois, reconnaissons-le : les classes sociales sont nettement plus marquées qu'en France - les signes extérieurs de richesse (et de pauvreté) y sont plus visibles - mais certainement pas au point de représenter une société encore régie selon le principe du tiers-Etat.

L'autre idée reçue qu'il convient de démythifier concerne les impôts. Lorsqu'en France le débat sur le "matracage fiscal" refait surface, l'Angleterre est souvent citée en exemple par les journaux d'obédience libérale, comme s'il s'agissait d'une zone-franche. L'impôt sur les sociétés est certes bien plus bas qu'en France, l'Impôt sur la Fortune n'y existe pas. Quant à la tranche supérieure de l'IRPP, elle plafonne à 40% contre 54% en France. En revanche, il est faux de penser que le contribuable moyen y paie nettement moins d'impôts. L'*Inland Revenue* n'offrant pas toute la panoplie de déductions fiscales que nous accorde notre cher Trésor public, un expatrié français sera même généralement perdant en Angleterre... À moins bien sûr que le contribuable en question ne s'appelle Thierry Henry ou Laetitia Casta. Certains journaux entretiennent pourtant le mythe de la ruée vers Londres de contribuables français fuyant la tyrannie fiscale tels les Huguenots cherchant à échapper aux persécutions anti-protestantes. Ne parlons même pas de la taxe d'habitation : elle peut y être trois fois plus élevée qu'en France, et à ce tarif-là les riverains doivent s'estimer heureux si la benne à ordures condescend à passer plus d'une fois par semaine dans leur rue.

Dix siècles d'hostilité, ça laisse des traces dans les journaux. En cas de contentieux bilatéraux - pas forcément une rare occurence - les médias nationaux auront une certaine tendance à un réflexe cocardier. Ainsi, dans la couverture de la longue et minutieuse enquête publique sur la mort du Dr Kelly, les médias français avaient tendance à insister sur les éléments à charge contre le gouvernement britannique et à ne pas s'appesantir sur les points marqués par Blair contre la BBC. Ne tournons pas autour du pot : les malheurs de Tony étaient à nos oreilles françaises une douce musique, l'agréable mélodie de la revanche sur un homme devenu l'adversaire de la France.

Malgré tous les préjugés publiés sur l'Angleterre, on chercherait en vain, dans la presse hexagonale, l'expression d'une anglophobie sans fard. Les journaux français se gardent bien de cracher de leurs rotatives des articles aux relents xénophobes, contrairement à une certaine presse anglaise qui en a fait son fonds de commerce. L'absence de tabloïds en France explique cette plus grande retenue. On peut également y voir le reflet d'une attitude désormais plus relax vis-à-vis de l'ennemi héréditaire. Certes les "rosbifs" continuent d'irriter les "mangeurs de grenouilles", à susciter incrédulité et sarcasmes, mais l'anglophobie pure et dure n'a plus réellement voix au chapitre.

A l'inverse, la francophobie semble avoir encore de beaux jours devant elle dans la presse anglaise, même s'il faut préciser que la France n'est pas le seul pays à susciter l'ire des tabloïds. Au gré des circonstances, l'Allemagne, l'Espagne ou l'Argentine peuvent aussi essuyer quelques salves destinées à flatter les bas instincts nationalistes du lectorat. Pourtant, jamais la jubilation à dire du mal du voisin ne semble aussi apparente que dans les campagnes de presse anti-françaises. Une telle attitude s'expliquerait-elle par la francophobie viscérale des barons de la presse anglaise ? Bruce Page, un journaliste anglo-australien, auteur d'une biographie non autorisée de Rupert Murdoch, [3] se dit persuadé que le magnat de la presse n'est pas particulièrement francophobe. La xénophobie grossière de certains de ses titres serait uniquement motivée par le souci de booster les ventes. Le journaliste est même convaincu que si le vieux *tycoon* lançait un tabloïd en France, il n'hésiterait pas à jouer la carte de l'anglophobie. Rupert Murdoch serait en quelque sorte un "xénophobe apatride".

Les tabloïds anglais ne seraient donc pas "naturellement" francophobes mais adopteraient une posture anti-française par simple cynisme commercial. Une telle perspective est finalement peu rassurante : elle induit que le *Sun*, le *News of the World*, le *Daily Mail*, le *Daily Star* etc... adoptent une ligne éditoriale anti-*frogs* en pensant que la francophobie fait vendre ! La crédibilité de ces publications n'étant pas des plus élevées, on peut espérer que le lecteur anglais ne prenne pas toutes les informations de la presse de caniveau au pied de la lettre. Possible mais pas absolument certain. Après tout, comme dit le vieil adage : "Calomniez, calomniez, il en restera toujours quelque chose !".

(3) Bruce Page, *The Murdoch Archipelago*, Londres, Simon & Schuster, 2003.

A l'inverse de la presse française qui ne fait pas de distinction particulière entre l'Angleterre et les Anglais (le tempérament national de ces irréductibles îliens n'est-il pas le produit direct de leur géographie ?), les journaux britanniques aiment dissocier la France de ses habitants, comme s'il s'agissait de séparer le bon grain de l'ivraie. Selon la célèbre formule, "la France est un beau pays, dommage qu'il y ait les Français" ("Paris est une belle ville, dommage qu'il y ait les Parisiens" serait une sentence à laquelle une grande partie de la France souscrirait plus volontiers). Car même la presse la plus francophobe ne peut nier cette évidence : les Anglais adorent la France. Première destination touristique (avant d'être détrônée par l'Espagne en 2002), lieu de prédilection pour l'achat d'une résidence secondaire, paradis de la gastronomie... la France attire les Anglais. Dénigrer le pays lui-même reviendrait donc à traiter d'imbéciles les douze millions de Britanniques qui chaque année traversent la Manche pour passer des vacances dans l'Hexagone. En revanche, rien n'interdit les journaux de s'en prendre aux habitants indisciplinés, grincheux et impolis qui peuplent cette douce France. Un éditorialiste anglais que j'interrogeais sur ses propos anti-Français au moment de la crise irakienne ("collabos", "traîtres", "lâches" etc...) me confiait, sans y voir la moindre contradiction, qu'il adorait la France où il avait naturellement une résidence secondaire. En fait, tout se passe comme si les Français ne méritaient pas vraiment leur pays (est-ce la raison pour laquelle les Anglais tentèrent, des siècles durant, d'y substituer leur présence ?)

Les journaux anglais aiment véhiculer des préjugés qui - admettons-le - ne sont pas totalement déconnectés de la réalité : rébellion contre l'autorité, bureaucratie courtelinesque, complaisance pour la fraude et la corruption, attrait pour les extrêmes (les succès électoraux du Front National et des partis trotskystes plongent les observateurs britanniques dans la perplexité) et bien entendu, grèves à répétition. Nos malheureux voisins sont d'autant plus sensibles sur ce dernier chapitre qu'ils ont à subir de plein fouet les journées d'action des contrôleurs aériens, les opérations commando des agriculteurs et des pêcheurs, les barrages routiers des camionneurs et toute autre spécialité nationale. En la matière, notre réputation n'est plus à faire.

Ce n'est pas tant les mouvements sociaux, eux-mêmes, que l'approbation générale de ces grèves à répétition qui surprend la presse anglaise. Ce goût pour les manifestations et les barricades serait-il inscrit dans le patrimoine génétique des Français ?

Même le *Guardian*, classé à gauche, se montre perplexe face à cette complaisance française vis-à-vis de l'agitation sociale : "Les grèves et les mouvements de protestation sont, bien entendu, un fait récurrent de la vie en France. Les fermiers déversent régulièrement des tonnes de légumes pourrissant sur les routes et mettent à sac les bâtiments officiels. Les conducteurs de train laissent fréquemment des millions d'usagers en rade tandis que les routiers forment des barricades sur les autoroutes, bloquent les ports, et provoquent des mouvements de panique dans les magasins. Même les écoliers et les policiers aiment à l'occasion défiler dans la rue. Depuis la révolution de 1789, les Français croient au droit de manifester et en attendent des résultats, ce qui veut dire que tout gouvernement français à peu près conscient peut être, à juste titre, terrifié du pouvoir de la rue (…) Même quand leurs vies sont perturbées, les sondages montrent que les Français - probablement en sachant qu'ils pourraient être les suivants à manifester - soutiennent invariablement la grève".

Mais, Dieu merci, une Jeanne d'Arc anti-grèves s'est lancée dans une croisade passionnée pour débarrasser la France de la chienlit. Inévitablement, le très conservateur *Daily Telegraph* ne peut que tomber sous le charme de Sabine Herold, 21 ans, organisatrice de l'assocation "Liberté, j'écris ton nom". "Les nombreux voyageurs britanniques qui sont affectés par les grèves en France ne peuvent qu'espérer que sa campagne réussira" affirme le journal qui a invité la jeune héroïne à traverser la Manche dans l'espoir évident d'entendre quelques propos fielleux sur cette France fainéante. De ce point de vue, le *Daily Telegraph* en aura pour son argent : les paroles de la "new Joan of Arc" ou - c'est selon - de la "new Thatcher" sont une douce mélopée aux oreilles de ce quotidien peu réputé pour sa francophilie : "J'aime la Grande-Bretagne. J'aime Margaret Thatcher. J'aime la façon que vous avez de vaincre les syndicats et le fait que vous n'ayez pas peur de privatiser. J'aime le fait que vous travailliez si dur. En France, nous sommes devenus fainéants. Nous ne pensons plus qu'aux week-ends, aux vacances et à quel grand pays nous avons été. Nous avons besoin d'une dose de thatchérisme". [4]

Nous avons déjà évoqué, dans le second chapitre de ce livre, les clichés aux relents xénophobes qu'une certaine presse anglaise prend un malin plaisir à relayer. Nul n'est donc besoin d'y revenir (ne cédons pas au masochisme) si ce n'est pour citer ce droit de réponse, aussi drôle qu'acide, de Jacques

(4) Le *Daily Telegraph*, 26 juin 2003.

A. Bertrand.[5] Au directeur de l'Albert Hall qui avait déclaré tout de go que les Anglais occupaient, peu ou prou, le premier rang dans tous les secteurs, l'écrivain décoche ces quelques lignes rageuses : "Si, par mégarde, on se laissait troubler par les travestissements historiques, calomnies, inventions haineuses, plaisanteries scatologiques, boues et vomissures diverses que déverse régulièrement sur les Français la presse anglaise qui tache, on pourrait aller jusqu'à poser la question : 'Et dans la bêtise autoglorificatrice, quel rang ?'". Jacques A. Bertrand force à peine le trait lorsqu'il décrit le portrait-type du Français tel qu'il est présenté dans les gazettes anglaises : "Le Français figure ce qu'il y a de pire dans le Reste du Monde. Il est sale, il a mauvaise haleine, il se prend pour Napoléon. Mais il est facilement reconnaissable, il est donc aisé de l'éviter. Le Français, dont toute la presse anglaise (y compris la meilleure) publie régulièrement le portrait-robot, porte le béret enfoncé jusqu'aux oreilles, une petite moustache à la Hitler, un maillot de marin rayé bleu et blanc, des pieds palmés de batracien. Il arbore une bouteille de rouge dans sa poche, une baguette de pain sous le bras et un escargot sur le nez".

(5) Jacques A. Bertrand; *L'Angleterre ferme à cinq heures*, op. cit.

Vu d'Angleterre, la France a les défauts et le charme d'une diva capricieuse et versatile : elle séduit autant qu'elle irrite. Car à côté de cette avalanche de clichés peu flatteurs, les gazettes anglaises ne cherchent pas à cacher une certaine attirance pour cette France qui met l'eau à la bouche (gastronomie, vins fins, belles femmes, parfums, mode...). A l'instar des médias français qui chérissent l'image d'une Angleterre victorienne et excentrique, leurs homologues anglais entretiennent la réputation plutôt flatteuse d'une France champêtre et glamoureuse. Le goût hexagonal pour les concepts et les grandes idées est également une caractéristique nationale régulièrement soulignée dans la presse d'une nation qui se voit plus pragmatique qu'intellectuelle. Après la guerre en Afghanistan, l'envoi sur place de Bernard Henry Lévy, dans le rôle de l'observateur dépêché par le gouvernement français, suscita ainsi une réaction mêlée d'ironie et d'admiration de la part du *Guardian*. Pour le quotidien anglais, seul un pays comme la France pouvait avoir l'idée d'envoyer dans un pays détruit par vingt ans de guerre... un philosophe. Un journaliste britannique, en déplacement en France le jour des attentats du 11 septembre 2001, me confiait pareillement son étonnement en entendant... des philosophes et des sociologues commenter les tragiques événements de New York, à la radio, deux heures seulement après l'effondrement des Twin Towers.

Drôle de pays tout de même que cette France où le ministre des Affaires étrangères trouve le temps, entre l'Irak et la Côte d'Ivoire, de publier un recueil de poésies. Sur les ondes de la BBC, le romantisme de Dominique de Villepin suscite des commentaires à la fois admiratifs et incrédules : la seule œuvre "littéraire" qu'oserait produire un ministre anglais, juge l'un des invités, serait l'écriture de ses mémoires. Philosopher semble être un sport national, y compris pour les sportifs de haut niveau...

Avant la demi-finale France-Angleterre, lors de la coupe du monde de rugby 2003, *L'Equipe* avait tiré les portraits des joueurs du XV tricolore, demandant à chacun de commenter sa photo. Inévitablement cet exercice narcissique suscita les commentaires ironiques du *Times* : "Quand l'équipe française a été photographiée par Denis Rouvre pour le journal *L'Equipe*, ils étaient trop contents de se conformer à la tradition gauloise de la profondeur introspective - ou d'une insupportable prétention (votre point de vue, bien sûr, dépend de quel côté de la Manche vous avez la chance d'être). Sommés de faire un commentaire sur leur portrait, les joueurs ont, sans hésiter, adopté l'attitude du patient allongé sur le sofa du psychanaliste, rivalisant presque avec la philosophie poissonnière d'Eric Cantona qui avait fameusement observé que 'les mouettes suivent le chalutier... parce qu'elles pensent que des sardines vont être jetées à la mer' (...) Alors que les Français aiment certainement leurs impénétrables analogies, les joueurs anglais rétorqueront probablement qu'ils ont besoin de philosophie autant qu'un poisson d'une bicyclette. Et si les Français continuent de se comporter comme Voltaire ou Rousseau sur le terrain, l'Angleterre s'en fichera totalement si cette tactique est un rien déconcertante".[6]

Pour être juste, les médias anglais ne se contentent pas de brosser le portrait un rien folklorique d'une France patrie du fromage, du bon vin, de la mode et de la philosophie. Les journaux reconnaissent sans détour notre savoir-faire (voire notre supériorité) technologique dans certains domaines. Honteux de leurs chemins de fer, les Anglais ont une admiration sans borne pour le TGV. Et pour cause : il va en moyenne trois fois plus vite que leurs trains pour un prix du ticket deux à trois fois moins élevé !

Le système de santé français jouit également d'une excellente réputation outre-Manche malgré son coût jugé faramineux. Les journaux constatent,

(6) Le *Times* 14 novembre 2003.

incrédules, la mauvaise humeur des patients français quand ils n'obtiennent pas une chambre individuelle à l'hôpital. Relativement ouverts à l'autocritique et finalement assez prompts à jeter un coup d'oeil sur ce qui se fait ailleurs, les médias anglais n'hésitent jamais à prendre la France comme exemple pour dénoncer les dysfontionnements des services publics britanniques. Preuve que - contrairement à leur réputation - les Anglais sont parfois prêts à accepter des leçons de leurs voisins européens. A l'inverse, les médias britanniques ne boudent pas leur plaisir lorsqu'il s'agit de signaler certains accès de faiblesse, surtout quand ils affectent des bastions français réputés imprenables (la gastronomie française devenue trop pompeuse, les grands crus bordelais en perte de vitesse, la haute couture parisienne concurrencée par Londres et Milan...). De la même façon, ils manquent rarement l'occasion de s'autoriser une petite revanche. Durant l'été de la canicule, la BBC passa ainsi en boucle le témoignage d'un patient se plaignant de l'incurie des hôpitaux français. La France, expliquait-il en substance, s'était moquée des graves insuffisances du *NHS* face à l'épidémie de grippe qui avait frappée la Grande-Bretagne durant l'hiver 1999-2000. L'implosion de notre système hospitalier ne montrait-elle pas que les

Français avaient aussi à balayer devant la porte de leurs hôpitaux ?

Bien sûr ni les Anglais, ni les Français n'ont attendu l'invention de la presse pour se forger une opinion sur leurs voisins. Les stéréotypes et les préjugés anti-français circulaient en Angleterre bien avant la première édition du *Sun* ou du *Daily Mail*. De ce point de vue, les campagnes de presse anti-françaises, dont les tabloïds anglais raffolent, ne sont que la perpétuation de sentiments enracinés dans la psyché collective. La presse à scandales n'a pas créé l'antagonisme franco-britannique mais elle surfe dessus, à la première occasion venue, persuadée qu'il s'agit là d'un bon argument pour vendre du papier. Pourtant, rien n'indique que les "unes" francophobes des "red tops" influencent en quoi que ce soit le niveau des ventes. Le lecteur anglais s'amuse peut-être à voir l'ennemi héréditaire cloué au pilori à longueur de colonnes, il n'adhère pas forcément pour autant aux propos anti-français imprimés dans son journal. Cette lecture au second degré est d'ailleurs une caractéristique britannique : il est courant en Grande-Bretagne d'acheter deux quotidiens, le *broadsheet* pour s'informer, le tabloïd pour se divertir.

Si les médias français et anglais n'ont pas vraiment tourné la page de l'animosité historique, c'est bien sûr que la rivalité en question n'a pas totalement disparu. Il y a aussi une autre explication : de part et d'autre, on continue de chérir ces chamailleries de voisinage aussi sûrement que Don Camillo et Peppone entretenaient leur querelle de clocher. Si les médias des deux pays se laissent parfois aller à la caricature, ils le font avec la complicité de leur public. Chaque peuple semble, en effet, s'accrocher à ces vieux clichés comme pour empêcher la disparition d'une rivalité familière, presque rassurante.

Chapitre 10

Un pays idéal : la *Frangleterre* !

Les utopies ne sont souvent que des vérités prématurées
(Alphonse de Lamartine)

En France, tout le monde connaît l'appel du 18 juin 1940 pour en avoir appris aux moins quelques bribes à l'école. En revanche, la vaste majorité ignore la déclaration d'Union franco-britannique du 16 juin 1940. Et c'est bien dommage. Car ce texte, rédigé à Londres à l'initiative de Jean Monnet dans les heures sombres de la débâcle, est probablement le plus beau geste d'amitié que la Grande-Bretagne adressa à la France. Il fallut certes surmonter le scepticisme de de Gaulle et les réticences de Churchill[1]. Mais, au bout du compte, le vieux lion

(1) Jean Monnet raconte dans ses *Mémoires* : "L'homme d'Etat qui venait d'accéder au pouvoir pour défendre l'existence même de l'Empire britannique eut un sursaut en lisant ces phrases qui appelaient sa nation à une nouvelle histoire, hors des voies du passé, à l'opposé de son destin insulaire."

accepta de se laisser convaincre : "Dans un moment aussi grave, il ne sera pas dit que l'imagination nous a fait défaut" confia-t-il à Jean Monnet. Et de fait, le projet prévoyait rien de moins qu'une fusion des souverainetés française et britannique. Cette main tendue à une France occupée et démoralisée est la marque d'une estime insoupçonnée de la Grande-Bretagne pour sa vieille rivale. Si on gardait à l'esprit les lignes qui suivent, cela aiderait peut-être à surmonter plus facilement les récurrentes fâcheries bilatérales.

"A ce moment fatidique de l'histoire du monde moderne, les gouvernements du Royaume-Uni et de la République française font cette déclaration d'union indissoluble et de résolution inflexible dans leur défense commune de la justice et de la liberté, contre la sujétion à un système qui réduit l'humanité à une vie de robots et d'esclaves. Ils déclarent que la France et la Grande-Bretagne ne seront plus deux pays mais une union franco-britannique. La Constitution de cette union prévoira des organes communs pour les politiques en matière de défense, d'affaires étrangères, de finances et d'économie. Les citoyens français jouiront immédiatement de la nationalité britannique. Les sujets britanniques deviendront tous citoyens français. Les deux pays se partageront la responsabilité de réparer les dévastations causées par la guerre, où qu'elles aient eu lieu sur leur territoire et les ressources des deux pays seront utilisées à ces fins dans l'égalité, comme s'ils ne faisaient qu'un.

Pendant la guerre, il n'y aura qu'un seul Cabinet de guerre, et les forces britanniques et françaises, que ce soit sur terre, sur mer ou dans les airs, seront placées sous sa direction. Il gouvernera du lieu le mieux approprié à sa mission. Les deux parlements seront officiellement associés. Les nations de l'Empire britannique ont déjà commencé à former de nouvelles armées. La France conservera ses forces disponibles sur le champ de bataille, sur mer et dans les airs. L'Union appelle les Etats-Unis à consolider les ressources économiques des Alliés et à apporter la puissance de son aide matérielle à la cause commune. L'Union concentrera toute son énergie contre la puissance de l'ennemi, où qu'ait lieu la bataille. C'est ainsi que nous le vaincrons".

Ce projet un peu fou ne verra jamais le jour. Replié à Bordeaux avec son gouvernement, Paul Reynaud avait pourtant accepté la déclaration que lui avait lue de Gaulle au téléphone. Mais peu de temps après, le président du Conseil démissionnait et était remplacé par le maréchal Pétain : "L'Union franco-britannique" tombait dans la poubelle de l'histoire.

Appuyons sur la touche *rewind* du magnétoscope de l'histoire. Imaginons un instant que cette confédération franco-britannique ait réellement vu le jour et qu'elle se soit maintenue jusqu'à aujourd'hui. A quoi ressemblerait aujourd'hui cette réunion, sous un même toit, de ces deux ennemis héréditaires devenus compatriotes ? Inventons, à la façon de l'écrivain anglais Thomas More, un pays utopique qui s'appelerait : la *Frangleterre* !

La *Frangleterre* : un Etat où Anglais et Français auraient appris à tirer le meilleur parti de cette cohabitation, à piocher ce qu'il y a de mieux dans chacune des traditions, des cultures et des pratiques en cours de part et d'autre de la Manche. Se transporter dans ce monde imaginaire n'est pas forcément l'exercice le plus facile tant les deux pays ont pris l'habitude de marquer leurs différences. L'un des rares points que ces deux peuples ont en commun - la certitude qu'ils n'ont aucune leçon à recevoir de l'extérieur - n'aide guère à imaginer les uns et les autres acceptant de changer pour bâtir cette patrie de rêve. Ne nous laissons pas décourager : faisons allégeance à la Reine, apprenons aux Anglais la Marseillaise et réfugions nous sous le même toit !

Quels sont donc les bénéfices que les uns et les autres auraient pu dégager de cette cohabitation dans ce pays hybride ? Le goût français pour une certaine agitation sociale aurait probablement poussé les Anglais à se montrer plus revendicatifs. Si les manifestations de masse et les grèves ne sont pas des phénomènes inconnus au nord de la Manche, le pouvoir de la rue est loin d'y être aussi puissant qu'en France. Les Anglais n'ont pas la même sensibilité que les Français face aux inégalités sociales ("Il n'y a pas sous le soleil de pays plus esclave de l'esprit de classe que l'Angleterre" écrivait même George Orwell). Les Anglais n'ont pas eu leur 14 juillet et s'accommodent fort bien d'une monarchie, institution inégalitaire par excellence. Il a souvent été observé que les Français sont plus épris d'égalité que de liberté à l'exact opposé des Anglais plus attachés aux libertés individuelles qu'à la justice sociale. Imaginons donc cette *Frangleterre* idéale, réunie dans un seul Etat, parvenant à réconcilier ces deux valeurs contradictoires.

A n'en point douter, les Français se seraient fait un plaisir d'enseigner à leurs compatriotes l'art de lutter efficacement pour la défense de leurs "acquis sociaux". Le recours à la grève est vu en Angleterre comme l'arme ultime, presque une anomalie dans un monde civilisé... S'ils ont l'audace d'envisager l'organisation d'une journée de grève, les syndicats se feront aussitôt traiter d'irresponsables par le gouvernement. Bien souvent, n'osant aller jusqu'au bout de leur menace, les centrales finiront par retirer piteusement leur mot d'ordre. Il faut certainement voir, dans cette timidité syndicale, l'héritage de onze années de thatchérisme qui ont durablement affaibli un *trade-unionism* jusque là plutôt puissant. Ce peu d'enthousiasme pour les grandes luttes collectives trahit également un faible penchant pour la contestation des institutions. Les Anglais font preuve d'un étrange fatalisme face à des dysfonctionnements qui seraient tout bonnement intolérables en France.

Les chemins de fer britanniques, privatisés depuis 1996, réussissent ainsi l'exploit d'être à la fois les plus lents, les plus dangereux et les plus chers d'Europe. Le métro londonien délivre un service bas de gamme pour des tarifs indécents. Habitués aux pannes en tout genre, retardés et parqués comme du bétail dans des wagons transformés en étuves, les Anglais acceptent sans broncher ce mauvais traitement quotidien. On imagine aisément les émeutes dans le métro parisien si, après un voyage retardé de 20 minutes par un problème de signalisation, les agents de la RATP s'aventuraient à exiger la présentation des titres de transport (en moyenne trois euros l'aller simple). C'est pourtant le sort que subissent quotidiennement, sans rechigner, les millions d'usagers du *Tube* londonien.

Ce fameux flegme britannique a certainement du bon... Les Parisiens ont trop facilement tendance à sauter à la gorge du contrôleur ou du conducteur de métro au moindre incident technique. Un stage prolongé dans le *London Underground* leur enseignerait utilement les vertus de la patience. Mais patience ne veut pas dire passivité. L'extorsion de fonds organisée par les entreprises privées qui gèrent le train en Grande-Bretagne n'est rendue possible que par l'individualisme léthargique des voyageurs, par leur "servitude volontaire" comme aurait dit La Boétie. Il n'est certainement pas facile d'organiser un front commun du refus avec des millions de gens dont le seul point commun est de s'asseoir, l'un à côté de l'autre, le nez plongé dans le journal. Néanmoins, dans notre *Frangleterre*, l'esprit gaulois aurait certainement incité les Anglais à refuser l'inacceptable. Main dans la main, les camarades usagers auraient obtenu le droit d'être convoyés dans des transports publics à peu près décents. Il serait enfin agréable de voyager dans la partie nord de la *Frangleterre* !

De leur côté, les sujets anglais auraient peut-être convaincu les citoyens français que l'individualisme n'est pas néfaste par définition. Il y a en effet une tendance bien française à tout attendre d'en haut... La révolte des intermittents du spectacle est typiquement le genre de mouvements que les Anglais ne peuvent comprendre. Qu'on puisse travailler douze semaines par an et être payé cinquante-deux échappe totalement à leur logique. Outre-Manche, un musicien, un comédien, un jongleur, un technicien du spectacle ne s'attendra pas à ce que l'Etat lui verse des indemnités-chômage pour subvenir à ses besoins : il trouvera un job de substitution en espérant des jours meilleurs.

Au contact des Anglais, les Français redécouvriraient certainement les vertus de la responsabilité individuelle. Ils finiraient par douter de cette étrange logique qui consiste à croire que l'Etat est capable de tout, les citoyens responsables de rien. Que lorsqu'un fleuve déborde, les résidents sinistrés prennent à parti le Premier ministre en exercice comme s'il incarnait quelque Dieu de la crue montre que l'étatisme français a pris, dans les esprits, des proportions quasi-maladives. Au lieu de tenir l'Etat pour responsable des caprices des cieux, les Anglais auraient plutôt tendance à dire : "Aide-toi et le ciel t'aidera". Dans un monde idéal, une fusion de ces deux mentalités aiderait à rejeter les excès de l'assistanat (en cessant de considérer comme suspecte toute initiative individuelle) sans pour autant sombrer dans un individualisme d'exclusion... La société *franglaise* serait parvenue à réconcilier les contraires : colbertisme et individualisme, égalité et liberté !

Le Produit Intérieur Brut de la *Frangleterre* pèserait aujourd'hui 3.000 milliards d'euros. Notre fédération franco-britannique serait la 3ème puissance économique mondiale derrière les Etats-Unis et le Japon. Mais nul doute que la fusion des deux économies dans un même ensemble aurait produit encore plus de richesses. Car il est difficile de trouver, dans le monde, deux balances commerciales plus complémentaires. En 2003, la France a exporté pour 30,4 milliards d'euros de sa production vers le Royaume-Uni (3ème client) et importé pour 21,6 milliards d'euros du même Royaume-Uni (5ème fournisseur). Mais c'est surtout l'excédent commercial bilatéral en faveur de la France qu'il convient de souligner : 8,8 milliards d'euros. L'échange avec les Britanniques représente notre premier surplus commercial ! La structure des échanges explique cette complémentarité : la France exporte des biens (automobiles, chimie-pharmacie, vins et champagne) et des services (transports et tourisme) quand le point fort de notre partenaire britannique se situe au niveau des services financiers ! Réunis sous un même toit, Vénus la nourricière et Mars le financier auraient certainement formé un couple encore plus productif. On objectera que, *Frangleterre* ou pas, la coopération franco-britannique a tout de même débouché sur de jolies réalisations comme le Concorde ou le tunnel sous la Manche. Mais, justement les *Franglais* auraient peut-être su transformer ces exploits techniques en réussites commerciales...

Les Anglais n'aiment pas la confrontation, ils feront tout pour arriver à un compromis. Les Français n'aiment pas le compromis, ils feront tout pour arriver à la confrontation. Dans l'esprit français, compromis signifie compromission. Le compromis est un aveu d'échec, la brisure d'un rêve. Les Français sont en effet animés par le rêve du grand soir et la nostalgie de la prise de la Bastille. Une autre révolution pour aller où et pour faire quoi ? Personne n'est vraiment sûr de la réponse. Mais, qui sait, des barricades, des barrages filtrants, des mises à sac de préfectures, des manifestations monstres et des grèves générales peut jaillir la lumière. Le compromis est abject : seule la radicalité *is beautiful* ! Rien n'est plus contraire à la psychologie nationale des Anglais : à leurs yeux, le compromis est le signe même d'une société civilisée. On se demande encore comment Marx et Engels pouvaient croire que la Révolution prolétarienne naîtrait dans leur patrie d'accueil.[2]

Dans *La société anglaise*, François Bédarida note que l'*Establishment* a su adopter "une tactique maîtresse dans l'art de désamorcer les problèmes, quitte à les banaliser, voire à les aseptiser, sans attendre qu'ils aient pris une tournure par trop dramatique, et de toute façon bien avant qu'ils aient atteint un stade incontrôlable".[3] Outre-Manche, le mieux n'est pas forcément l'ennemi du bien. Tout progrès est bon à prendre. Les Anglais préfèrent l'évolution à la révolution (en Angleterre, on retient généralement de la Révolution française les têtes coupées et la Terreur plutôt que la déclaration universelle des droits de l'homme). Les idées radicales font peur et ont un défaut majeur que ne semblent pas voir les Français : elles sont irréalisables (un comble dans le pays de Descartes !). Les Anglais sont trop pragmatiques et se considèrent trop "civilisés" pour se laisser séduire par les sirènes

(2) Karl Marx est mort le 5 mai 1883 en exil à Londres. Il repose aujourd'hui dans le cimetière de Highgate au nord de la capitale.
(3) François Bédarida, *La société anglaise. Du milieu du XIXe siècle à nos jours,* Paris, Le Seuil, Paris, 1990.

de l'extrémisme. François Bédarida écrit à propos des Anglais : "A l'endroit des totalitarismes, ils manifestent une totale imperméabilité".[4] Les Anglais se méfient de la versatilité politique de leurs voisins qui ont été capables, en l'espace d'une décennie, de passer sans coup férir d'une monarchie absolue à un régime de la terreur, établi au nom du peuple, pour finalement aboutir à un système impérial autoritaire ! Ils préfèrent grandement la sagesse de leur parlementarisme.[5]

Deux siècles plus tard, les Français ne semblent pas avoir totalement abandonné cette fascination pour la radicalité. C'est avec étonnement et dégoût que les Anglais observent le phénomème Le Pen. Ils deviennent pareillement songeurs en constatant qu'il n'y avait pas un, pas deux mais trois candidats trotskystes recueillant, à eux trois, 10% des suffrages à la dernière élection présidentielle. Leur surprise vire à l'incrédulité lorsqu'on leur certifie que les électeurs votent pour ces candidats en sachant qu'ils n'ont aucune chance d'être élus. Car sinon, bien entendu, ils ne voteraient pas pour eux !

(4) François Bédarida, *La société anglaise. Du milieu du XIXe siècle à nos jours*, op. cit.
(5) Au siècle des Lumières, le parlementarisme anglais et les lois sur la liberté individuelle suscitaient l'admiration des penseurs français.

Les électeurs anglais font preuve, à l'inverse, d'un redoutable pragmatisme électoral qu'amplifie leur mode de scrutin uninominal à un tour. Les Anglais vous diront qu'ils en ont assez de Tony Blair mais qu'ils n'ont aucune envie de voir revenir les Conservateurs. Il seraient bien tentés par les Libéraux-Démocrates mais le problème, vous comprenez, c'est que les *Lib-dems* n'ont aucune chance réelle d'arriver au pouvoir. Les Anglais manient le vote sanction - sans même parler du vote contestataire - avec une extrême prudence. Au bout du compte, c'est un corps électoral peu enthousiaste mais pragmatique qui donne souvent une seconde voire une troisième chance à l'équipe au pouvoir.

En France, les électeurs insatisfaits (pléonasme !) ne se montrent pas aussi accommodants avec les gouvernants qui les ont déçus (second pléonasme). Au premier tour, ils éparpillent leurs suffrages entre des partis qui n'ont pas plus de chances de gouverner que les îles Fidji de remporter la coupe du monde de football. Au second tour, ils confient à l'opposition un pouvoir dont ils l'avaient privé aux précédentes élections. Et ainsi de suite. Les Français n'ont pas reconduit une même majorité à l'Assemblée nationale depuis 1978 (et encore d'extrême justesse).

Cette inconstance du corps électoral français a été une nouvelle fois illustrée par le triomphe électoral de la gauche, lors des élections régionales de mars 2004, moins de deux ans après la déroute du candidat socialiste Lionel Jospin. Pour les commentateurs anglais, cette habitude bien française à punir les leaders politiques - qu'ils soient de droite ou de gauche - rend le pays tout bonnement ingouvernable: comment mener une politique de longue haleine et mettre en œuvre les réformes nécessaires quand le pouvoir change constamment de camp ? Vu d'Angleterre, les gouvernements successifs de la France sont prisonniers d'un électorat erratique, immature, incapable de faire face aux réalités et surtout rétif à la moindre réforme. Nul doute que dans notre *Frangleterre*, les électeurs français auraient appris à glisser une dose de réalisme dans les urnes. De leur côté, les électeurs anglais auraient compris que leur bulletin de vote peut aussi revêtir une dimension contestataire, cet excellent antidote contre l'arrogance du pouvoir.

La *Frangleterre* serait un pays de 120 millions d'habitants abritant, sur ses deux sols, une population d'origine étrangère venue du sous-continent indien, du Maghreb, de l'Afrique Noire francophone et anglophone, d'Asie du sud-est et d'Europe centrale. Il aurait donc fallu apprendre à y gérer les possibles tensions raciales. Et a priori, quelques leçons de tolérance des Anglais à leurs concitoyens français n'auraient pas été superflues. Si l'on s'en tient aux résultats électoraux de l'extrême-droite, de chaque côté de la Manche, le racisme est un sentiment plus répandu au sud qu'au nord. Question intolérance exprimée dans les urnes, la patrie auto-proclamée des droits de l'homme dépasse en effet son voisin anglais de la tête et des épaules. Comparés au Front National, les nazillons du *British National Party* ne sont encore que des épiciers de quartier dans l'art de faire du racisme et de la xénophobie un fonds de commerce florissant. Le système électoral britannique n'aide guère, il est vrai, "la petite distribution". Qui plus est, faute de pouvoir se défouler dans les urnes, les racistes vont sur "le marché noir" (multiplication des attaques contre les immigrés et les réfugiés). D'autant plus qu'une certaine presse anglaise ne recule jamais devant des "unes" xénophobes pousse-au-crime à faire rosir de plaisir les électeurs du Front National (hormis bien sûr lorsque ladite xénophobie vise les Français). Bref, la société anglaise est loin d'être un modèle de tolérance et de parfaite harmonie entre communautés (le mélange multi-ethnique plutôt réussi à Londres ne doit pas faire illusion).

Mutatis mutandis, l'Angleterre semble toutefois mieux réussir que la France l'intégration de ses minorités ethniques.[6] Tout n'est pas parfait bien entendu. La montée de l'islamisme constitue une dangereuse menace que Londres a laissé se propager sur son sol pendant des années, valant aujourd'hui à la capitale britannique d'être surnommée "Londonistan". En Angleterre, la liberté de parole (perpétuée à Hyde Park par la tradition des *Speakers*) n'est pas un vain mot. Dans le pays de l'*habeas corpus*, les Imams les plus radicaux peuvent continuer à se répandre en discours de haine : l'un d'entre eux n'a-t-il pas désigné Tony Blair comme une "cible légitime" sans être inquiété le moins du monde ? En France, il y a fort à parier que de tels propos auraient été punis d'un retour immédiat à la frontière...

Si l'on met de côté ces extrémistes - d'autant plus bruyants qu'ils sont ultra-minoritaires - les relations multi-confessionnelles et multi-raciales apparaissent plutôt apaisées en Angleterre. Cette relative harmonie entre communautés doit beaucoup à une approche pragmatique de la question de l'intégration en Angleterre. Au lieu de se noyer dans un interminable débat à la française sur l'égalitarisme

(6) La société britannique est cependant sporadiquement secouée par d'impressionnantes émeutes raciales.

républicain pour, au bout du compte, s'en tenir au statu quo (c'est-à-dire la perpétuation des inégalités "ethniques"), les Anglais adoptent une approche moins idéologique et finalement moins stérile. La police, la justice, les médias, l'université, la finance, bref les grandes institutions du pays (à l'exception de la monarchie) observent - plus ou moins rigoureusement - la règle dite de la *racial equal opportunity* : à savoir un système de quotas "ethniques" appliqué dans les procédures de recrutement. Les Anglais ont dépassé le stade des débats sur l'équité d'un tel système ou sur l'aspect "politiquement correct" de ces règles. Ils considèrent ces objections comme des prétextes pour ne pas agir.

Le petit écran est certainement la meilleure vitrine de cette *affirmative action* (bizarrement appelée "discrimination positive" en France) : le *melting-pot* anglais s'affiche sans honte sur les plateaux télévisés. Et il ne s'agit pas là de faire "exotique" dans des émissions de musique, de sport ou de cuisine : beaucoup de journalistes (présentateurs, reporters, chroniqueurs) sont issus de minorités ethniques. Le "PPDA anglais" - *Sir* Trevor McDonald - est originaire de Trinidad et Tobago. Et pourtant l'Angleterre profonde n'avale pas son thé de travers quand elle le voit apparaître à l'écran. Cet effort pour "colorer" le petit écran, sans enfermer les minorités ethniques dans des rôles caricaturaux, devrait utilement inspirer une télévision française coupable d'escamoter le caractère multi-racial du pays pour ne pas choquer le téléspectateur du plateau des Mille vaches.

La France doit arrêter de vivre dans l'illusion que les exploits de son équipe de foot *Black-Blanc-Beur* suffiront à faire disparaître, comme par enchantement, l'exclusion raciale et la frustation des seconde et troisième générations d'immigrants. S'il ne faut pas exagérer l'impact du petit écran, il ne faut pas non plus le sous-estimer : la télévision a le pouvoir de véhiculer une image plus positive et non stéréotypée de l'immigration. Elle peut aider à convaincre toute une jeunesse qu'elle a sa place dans la société française. Dans notre *Frangleterre* multi-ethnique, la France se serait laissée convaincre par le modèle pragmatique des Anglais. Bien sûr, il aurait fallu passer outre les cris d'orfraie que le nouveau système de quotas n'aurait pas manqué de provoquer. Mais, au bout du compte, chacun aurait fini par reconnaître les mérites d'un système certes imparfait mais ayant, au moins, le mérite de chercher à inclure au lieu d'exclure.

Le voile islamique aurait été un sujet de grand embarras pour la *Frangleterre* tant les deux provinces, française et anglaise, ont des vues divergentes sur la question. A l'école anglaise, les enfants sont obligés de porter l'uniforme mais sont libres de mettre ce que bon leur semble sur la tête. Même dans la police ou dans les administrations, le port du *hidjab* est autorisé. Personne, en Angleterre, ne songerait à se plaindre d'un agent du fisc ou d'un conseiller ANPE sous prétexte qu'il porte un turban sikh, un voile ou une tunique islamique. C'est dire si l'interdiction des signes religieux dans les écoles françaises apparaît choquante pour des Anglais qui n'ont pas la religion de la laïcité. Une telle initiative est, à leurs yeux, une grave atteinte aux libertés individuelles : chacun doit pouvoir être libre d'exprimer sa croyance religieuse, y compris dans sa tenue vestimentaire. L'interférence de l'Etat dans une affaire aussi privée est tout bonnement sacrilège. Cette fois, les Français ne se seraient peut-être pas rangés aux arguments de tolérance de leurs concitoyens anglais. Car ce "laissez-faire, laissez-porter" trahit une approche communautariste du problème aux antipodes de la démarche intégrationniste à la française. Ce respect très anglais du droit à la diversité peut, en effet, être vu comme l'acceptation d'une ghettoïsation religieuse de la société quand la volonté de l'Etat français de gommer les différences confessionnelles serait l'affirmation du principe républicain de l'égalité pour tous. Acceptons que, sur ce point, les *Franglais* auraient été d'accord d'être en désaccord.

A quoi ressemblerait la presse *franglaise* ? Les tabloïds anglais auraient certainement abandonné leur goût pour le sensationnalisme. Le droit d'informer les lecteurs ne se confondrait plus avec une violation systématique du respect de la vie privée. Le journalisme de chéquier qui consiste à payer les interviews au prorata de l'intérêt des révélations serait strictement interdit. Les médias français, eux, auraient jeté aux orties leur coupable déférence vis-à-vis du pouvoir. Les interviews d'hommes politiques ne ressembleraient plus à de longs monologues parsemés de questions. L'interview du 14 juillet ne donnerait plus l'impression de se tenir à la cour de Versailles avec un roi soleil honorant de ses réponses quelques dociles gazetiers. Les présentateurs des journaux télévisés oseraient poser 13 fois la même question à un ministre refusant de répondre, comme le fit le journaliste de la BBC Jeremy Paxman face à l'ancien *Home Secretary* Michael Howard, aujourd'hui leader de l'opposition. Animateurs et journalistes se mettraient à poser les vraies questions - même celles qui fâchent - sur des dossiers sérieusement préparés au préalable. En trouvant le juste milieu entre agressivité et déférence, la presse *franglaise* mettrait fin à un drôle de paradoxe dans les deux pays. L'Angleterre abrite des médias impitoyables avec le pouvoir en place à l'inverse du peuple anglais qui, lui, donne finalement peu de fil à retordre à ses dirigeants. La presse française n'a pas la réputation d'avoir la dent dure avec ses gouvernants, or les Français sont considérés comme étant ingouvernables. En Angleterre, les gouvernements doivent sans cesse ferrailler avec la presse quand en France c'est la rue qu'il faut affronter. Il serait tentant de conclure que les Anglais ont délégué à leurs médias ce rôle de contre-pouvoir quand les Français préfèrent faire eux-mêmes le boulot de la contestation.

Par charité chrétienne, nous ne nous appesentirerons guère sur le chapitre "gastronomie-art de la table". Il n'est pas utile d'insister lourdement sur l'influence - forcément positive - que la gastronomie française aurait pu avoir dans les foyers britanniques. Tous les adolescents ayant passé plus de deux semaines en stage linguistique dans une famille anglaise savent parfaitement de quoi il en retourne. Même en étant bien disposé à l'égard de nos compatriotes imaginaires, on chercherait en vain les grands progrès qu'une contribution britannique à la cuisine française auraient permis d'accomplir. Soyons magnanimes et acceptons que le rituel du thé avec ses *scones* à la confiture aurait pu remplacer avantageusement le goûter à la française. Mais, dans un esprit de concorde, ne cherchons pas à marquer des points faciles sur ce terrain culinaire : les Anglais acceptent d'ailleurs bien volontiers l'influence positive de la gastronomie hexagonale.

Il est en revanche plus intéressant d'imaginer l'impact sociologique qu'un relèvement des standards culinaires en Angleterre aurait pu avoir dans les foyers britanniques. Le plaisir de l'assiette allant de pair avec le plaisir d'être à table, les Anglais auraient certainement adopté une approche plus conviviale des repas. Au lieu de considérer la table comme un instrument de torture, ils auraient probablement eu plaisir à y passer un peu plus de temps. A l'exception du *roast* dominical, le repas à l'anglaise est habituellement plutôt décousu et pour tout dire très individualiste : chacun va se servir dans le réfrigérateur (généralement dans le compartiment congélateur) ou commande un *take-away* vite englouti devant la télé.

De la même façon, lorsqu'ils organisent chez eux des fêtes (*parties*), les Anglais optent généralement pour le buffet plutôt que pour la grande tablée (si toutefois de la nourriture est proposée aux convives).

Ce n'est donc pas seulement les papilles gustatives anglaises qui auraient à se réjouir d'une francisation des fourneaux : le repas - réduit jusque là à sa seule fonction pratique : se nourrir - aurait trouvé cette dimension sociale et conviviale qui lui fait si cruellement défaut en Angleterre. Mettez-vous à la place des Anglais : resteriez-vous plus de dix minutes à table si un *fish and chips* graisseux ou une *jacket potatoe* recouverte de *cheddar* trouvait refuge dans votre assiette ? Ces choses-là ne se dégustent pas : elle s'avalent !

C'est bien connu, la France a inventé le sexe et l'amour (dixit le pamphlétaire américain Michael Moore). En *Frangleterre*, les Français se seraient fait un plaisir de donner des *French lessons* (autrement dit des cours d'éducation sexuelle) à leurs compatriotes anglais, si par bonheur l'histoire les avait poussés dans un même lit. Sans entrer dans le détail de cette cordiale initiation, il n'est pas interdit d'imaginer - en essayant ne pas apparaître trop condescendant - que les Français auraient appris aux Anglais à élever la séduction au rang d'art ludique. Quand ils sont en phase d'approche du sexe opposé, les Anglais ne donnent pas vraiment l'impression de s'amuser : soit la pudeur de type victorien occasionne la gêne et l'affaire traîne en longueur , soit l'alcool aide à brûler les étapes et l'affaire se conclut trop rapidement. Dans le premier cas, il manque cette touche de légèreté qui dédramatise l'acte suprême, dans le second, l'absence de préliminaires romantiques rend le processus érotique un rien mécanique.

Le temps où l'on recommandait aux jeunes femmes, allongées sur le lit, de "penser à l'Angleterre" est peut-être révolu. Malgré tout, les Anglais ne semblent pas, encore aujourd'hui, toujours très à l'aise dans l'intimité de l'alcôve. C'est du moins le sentiment se dégageant de la lecture des journaux anglais qui, avec un certain goût pour l'auto-flagellation, continuent de se demander pourquoi leur nation est "un flop au plumard". L'influence des "gastronomes de l'amour" auraient peut-être aidé à changer tout ça outre-Manche. Pour les Français, le plaisir du lit rejoint le plaisir de la table : les deux doivent être accompagnés d'un raffinement quasi-artistique. La cuisine tout comme le sexe sont deux activités qui ne sont pas sérieuses mais qu'il faut pratiquer sérieusement... En cela, une touche d'épicurisme gaulois aurait peut-être désinhibé une Angleterre qui ne donne pas toujours l'impression d'avoir une approche relax des plaisirs de la vie.

Dans sa campagne de promotion de la Kronenbourg 1664, l'agence de publicité britannique

M&C Saatchi s'amusait à imaginer l'Angleterre si... Napoléon avait eu la bonne idée de gagner la bataille de Waterloo en 1815. Avec le *Je t'aime moi non plus* de Gainsbourg en fond musical, le spot publicitaire transportait les téléspectateurs dans une Angleterre francisée jusqu'au bout des ongles : des couples s'embrassaient langoureusement à tous les coins de rue de Londres, Buckingham Palace était devenu un *night club*, le *fish and chips* était servi avec un énorme homard... Cette publicité confirme deux choses : l'attraction des Anglais pour le style de vie à la française (une tendance observée dans les enquêtes d'opinion) et ce goût très britannique pour l'autodérision. Dans les salles françaises de cinéma, un tel message publicitaire n'aurait peut-être pas été accueilli avec la même bonne humeur.

Justement, dans notre *Frangleterre* imaginaire, les Français auraient certainement pris le goût de l'autodérision. Outre-manche (et pas seulement là-bas), les *froggies* ont la réputation d'avoir une trop haute idée d'eux-mêmes pour faire rire à leurs dépens. N'est-il pas tellement plus plaisant de se moquer des autres, en l'occurence de tous ceux qui n'ont pas eu le bonheur de naître Français ? Nos compatriotes anglais nous auraient certainement appris que les meilleures blagues ne sont pas toujours celles qui se font au détriment des Chinois, des Belges, des Biaffrais, des Noirs, des Arabes et des Juifs. Un contact prolongé avec cet humour anglais, autrement plus raffiné, nous aurait épargné le triste spectacle de ce comique troupier à la française qui continue de sévir sur les planches, les ondes et le petit écran.

En *Frangleterre*, jamais Bigard et son humour scatologique ne seraient montés sur les planches, jamais une caméra de télévision n'aurait osé filmer les désolantes pitreries de Lagaff', jamais une grande radio commerciale ne diffuserait, depuis des décennies, les plaisanteries bas de gamme d'un cercle de vieux franchouillards. Les gens s'ingénieraient à inventer des mots d'esprit au lieu de répéter des répliques toutes faites (lorsqu'on vous demanderait votre date de naissance vous ne répondriez pas : "j'ai l'âge de mes artères" mais plutôt : "je ne me souviens plus, j'étais trop jeune"). Les politiciens arrêteraient de croire que l'humour ne fait pas sérieux en politique. Les journalistes n'en seraient plus réduits à frapper à la porte de l'incontournable André Santini pour pimenter leur reportage du énième bon mot du notable d'Issy-les-Moulineaux. Il y aurait, chez les hommes politiques, cette tradition churchillienne qui consiste à mettre les rieurs de son côté pour mieux désarçonner un adversaire (A une opposante en colère lui disant qu'elle mettrait du poison dans son thé si elle était sa femme, Winston Churchill avait répondu : "Eh bien si j'étais votre époux, je le boirais !"). Qu'il ferait bon de rire intelligent dans cette *Frangleterre* !

Si le projet un peu fou d'une fusion de la France et de l'Angleterre dans un même Etat avait vu le jour en 1940, les Anglais n'auraient certainement pas cessé d'être des îliens dans l'âme. Leur suspicion quasi-instinctive vis-à-vis de tout ce qui vient du continent ne se serait pas évaporée par la seule magie de la création de cet Etat hybride. A la poste, nos compatriotes anglais auraient continué à demander poliment un "timbre pour l'Europe" comme pour mieux souligner qu'ils n'en font pas vraiment partie. Peut-être (mais seulement peut-être) le partage d'un destin commun avec la France aurait-il fini par émousser leur réflexe anti-européen, une réaction souvent basée sur des préjugés et des peurs irrationnelles. Au contact de leurs compatriotes français, ils auraient probablement réalisé que l'appartenance à l'Europe ne détruit pas forcément les identités nationales mais que de l'union peuvent naître créativité et prospérité. Bref, l'idée tenace d'une Europe à la source de tous les problèmes aurait commencé à avoir du plomb dans l'aile, libérant du même coup l'Angleterre de ses interminables tergiversations.

Magie de la coexistence pacifique dans un même Etat, Anglais et Français se seraient bonifiés avec le temps... Imaginez le tableau : une Angleterre un zeste plus glamour et plus épicurienne, une France ayant appris les vertus de la patience et de la politesse, des Anglais plus prompts à refuser l'injustice sociale, des Français plus disposés au compromis, une Angleterre moins anti-européenne, une France plus ouverte au fait multi-racial... Qu'il ferait bon vivre dans cette *Frangleterre* du juste milieu et du parfait équilibre. Ces peuples des contraires n'auraient pas abandonné cette croyance inoxydable en leur supériorité naturelle. Bien au contraire, une fusion dans ce nouvel ensemble devenu perfection n'aurait fait qu'amplifier ce complexe de supériorité commun aux deux peuples. Et rien que pour cela, le reste du monde doit savoir gré aux événements de ne pas avoir permis à Churchill et à de Gaulle de créer la *Frangleterre*.

Conclusion

Trois cent trente-huit pages pour évoquer la tumultueuse relation franco-britannique, c'est à la fois trop et pas assez. Pas assez, car il serait illusoire de résumer en un seul livre les rapports complexes qu'entretiennent ces "meilleurs ennemis" depuis déjà un petit millier d'années. Trop, car le fait même qu'il y ait tant à dire sur le sujet prouve que les deux pays ne sont pas encore parvenus à surmonter des rivalités aussi stériles que destructrices. Incapables d'accepter leurs différences sur l'Irak, Paris et Londres n'ont pu s'empêcher de transformer leur divergence de vue en une bataille rangée dont l'Europe n'avait nul besoin.

Ces deux vieilles nations ressemblent parfois à ces voisins qui se querellent par habitude sans même se souvenir de l'objet de la discorde. Il n'est pas question de prétendre ici que des désaccords importants liés à l'histoire et aux intérêts des deux pays n'existent pas, ni même qu'il serait souhaitable qu'ils soient toujours sur la même longueur d'ondes. Néanmoins, la France et la Grande-Bretagne doivent cesser de se placer un peu trop facilement dans une logique de confrontation. Nos deux pays doivent tourner la page du traumatisme irakien et repartir sur de nouvelles bases, comme ils le firent il y a un siècle en signant le traité de l'Entente cordiale qui soldait les querelles coloniales de l'époque et allait devenir une solide et durable alliance politique.

Les pommes de discorde ne sont plus aujourd'hui les mêmes. Il ne s'agit plus de trouver un terrain "d'entente impériale" mais de construire l'Europe. L'attitude britannique pour le moins ambivalente vis-à-vis de l'UE n'aide pas toujours à bâtir un partenariat solide et dénué de suspicions. Alors, n'est-il pas temps pour les Anglais de reconnaître que leur place est en Europe comme le prouvent l'intensification de leurs échanges commerciaux (60% avec l'UE) et leur goût de plus en plus prononcé pour l'expatriation et les séjours sur le continent ? De l'autre côté de la Manche, ne faut-il pas faire comprendre plus clairement aux Britanniques que l'Europe n'effacera pas leur spécificité et leur originalité au lieu de les accuser un peu systématiquement d'insularité, d'atlantisme primaire et de double-jeu ?

Sans chercher à distribuer les bons et les mauvais points, ce livre a tenté d'établir les responsabilités des uns et des autres (des peuples comme des gouvernements) dans cette "Entente glaciale". En dénonçant les stéréotypes et les clichés trop généreusement entretenus de part et d'autre de la Manche, cet ouvrage a essayé de dissiper cet épais brouillard d'incompréhension qui, trop souvent encore, continue de flotter sur le *Channel*. Et si la lecture de ce livre a permis de convaincre que ce qui unit ces deux peuples est bien plus important que ce qui les divise, qu'ils ont l'un et l'autre encore beaucoup à s'apprendre mutuellement... alors ces lignes auront été une modeste contribution à l'esprit de l'Entente cordiale.

En français :

Paul Vaiss, *Les relations entre les Etats-Unis et la Grande-Bretagne depuis 1945. Entre mythe et réalité, Paris*, Ellipses, 2002.

Serge Berstein, *La France de l'expansion. La République gaullienne (1958-1969)*, Paris, Le Seuil, 1989.

Roland Marx, *L'Angleterre de 1945 à nos jours*, Paris, Armand Colin, 1996.

Patricia Kinder-Gest, *Les institutions britanniques*, Paris, PUF, 1995.

Jean Monnet, *Mémoires*, Paris, Fayard, 1976.

Margaret Thatcher, *10 Downing Street. Mémoires*, Paris, Albin Michel, 2000.

Philippe Le Corre, *Tony Blair, les rendez-vous manqués*, Paris, Autrement, 2004.

Nicolas Baverez, *La France qui tombe*, Paris, Perrin, 2003.

Jacques A. Bertrand, *L'Angleterre ferme à cinq heures. Mémoires d'outre-Manche*, Paris, Julliard, 2003.

François Bédarida, *La société anglaise. Du milieu du XIXe siècle à nos jours*, Paris, Le Seuil, 1990.

Bertrand Lemonnier, *Culture et société en Angleterre. De 1939 à nos jours*, Paris, Belin, 1997.

Jeremy Paxman, *Les Anglais. Portrait d'un peuple,* Paris, Saint-Simon, 2003.

Jonathan Fenby, *Comment peut-on être français. Regard sur un pays exceptionnel*, Paris, Le pré aux clercs, 1999.

Bibliographie

En anglais:

Peter Stothard, *Thirty Days. A Month at the Heart of Blair's War*, Londres, HarperCollins, 2003.
Philip Stephens, *Tony Blair. The Making of a World Leader*, Londres, Viking Press, 2004.
John Rentoul, *Tony Blair. Prime Minister*, Londres, Little Brown, 2002.
Peter Riddell, *Hug them close. Blair, Clinton, Bush and the 'Special Relationship'*, Londres, Politico's, 2003.
Jeremy Paxman, *The English. A portrait of a people*, Londres, Penguin Books, 1999.
Margaret Thatcher, *The Downing Street Years*, Londres, HarperCollins, 1993.
Nick Yapp, Michel Syrett, *Xenophobe's guide to the French, Londres*, Oval Books, 2002.
Antony Miall, David Milsted, *The Xenophobe's guide to the English*, Londres, Oval Books, 2003.
Ben Rogers, *Beef and Liberty. Roast Beef, John Bull and the English Nation*, Londres, Chatto & Windus, 2003.
Bruce Page, *The Murdoch Archipelago*, Londres, Simon & Schuster, 2003.

Qu'il me soit permis de remercier ici tous celles et ceux qui m'ont aidé, par leurs informations et leurs conseils, à mener à bien ce projet. J'adresse un remerciement tout particulier à Laure Ayosso pour sa précieuse attention et ses encouragements.

Thierry Vieille

LES
**PROFITEURS
DE LA FRANCE
D'EN BAS**

La Pauvreté : un marché
qui rapporte gros !

Alban

Déjà paru dans la même collection:

Les Profiteurs de la France d'en Bas,

par Thierry Vieille (Février 2004).

L'exclusion sociale qui frappe la France d'en bas représente un marché juteux et bon nombre d'intervenants n'ont pas intérêt à ce que la pauvreté disparaisse un jour. Cette " poule aux œufs d'or " est le fonds de commerce de nombreuses associations et sociétés d'insertion, sans compter que certains organismes humanitaires et élus, en ont fait leur fonds de commerce en s'enrichissant sur le dos des pauvres. Les collectivités locales, en raison de leurs diverses missions de proximité se trouvent également en première ligne.
Attention, danger !

Informations concernant l'ouvrage:

Mise en vente : 20 février 2004.

Collection : Thèmes d'aujourd'hui.
Rayon : documents.
ISBN : 2-911751-46-9.
EAN : 9782911751462.
Format : 140 x 210 cm, broché.
Pages : 144.

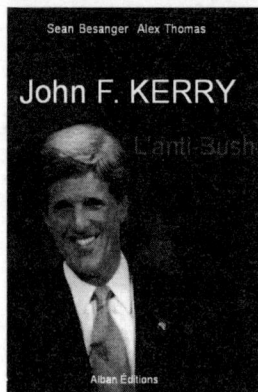

John Kerry, L'anti-Bush

par Sean Besanger et Alex Thomas
(Juillet 2004)

" Je me présente pour libérer notre gouvernement de l'influence des lobbies, de l'industrie pharmaceutique et des magnats du pétrole. " Ainsi s'exprime John F. Kerry, vainqueur des primaires du camp démocrate et candidat à la présidence des États-unis. Jamais les élections américaines n'ont autant passionné le monde.

En lisant cet ouvrage, vous comprendrez :

. Les dessous cachés des élections américaines
. Le rôle des sociétés secrètes et groupes de pression
. Le passé caché des candidats
. Pourquoi John F. Kerry fait tellement peur au camp républicain
. Comment Kerry est véritablement perçu en Amérique
. Qui sera le prochain hôte de la Maison-Blanche
. En quoi cela changera notre quotidien.
. Les dernières révélations sur les attentats du 11 septembre

Cet ouvrage d'une actualité saisissante dissipe au passage quelques illusions qu'Européens et Canadiens aiment entretenir…

Informations concernant l'ouvrage:

Mise en vente : juillet 2004
Collection : Thèmes d'aujourd'hui
Rayon : Documents
ISBN : 2-9111751-10-8

EAN : 9782911751103
Format : 145 x 225 cm, broché
Pages : 350

*Achevé d'imprimé en mai 2004
sous les presses de Jouve.
Dépôt légal: juin 2004
N° d'imprimeur: 349147R*

Imprimé en France